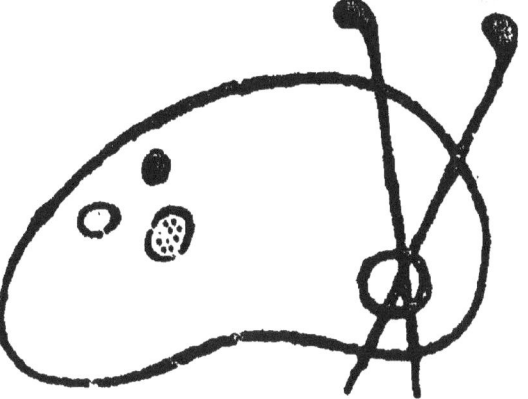

Début d'une série de documents en couleur

A BORD
D'UN NÉGRIER

ÉPISODE DE LA VIE MARITIME

TIRÉ
DES VOYAGES ET AVENTURES
DE L. GARNERAY

Alfred Mame et Fils
Éditeurs
Tours

OUVRAGES DE LA MÊME COLLECTION
FORMAT IN-8° — 2ᵉ SÉRIE

A BORD D'UN NÉGRIER, épisode de la vie maritime, tiré des *Voyages et Aventures* de L. Garneray.
ALDA, L'ESCLAVE BRETONNE, traduit de l'anglais par M⁰⁰ L. de Montanclos.
ART EN ITALIE (L'), par Mgr Sébastien Brunner; traduit de l'allemand par J.-T de Bellos.
AU TEMPS PASSÉ, Chroniques, par Martho Lachêso.
BELLE LYONNAISE (la), par Lucien Darville.
BENVENUTA, par Marshall.
BONHEUR DANS LE DEVOIR (le), par M⁰⁰ L. Boloidieu-d'Auvigny.
BRETAGNE ET GRANDE-BRETAGNE, Rome et Sicile (1870-1884), par l'abbé Lucien Vigneron.
CHRISTIANISME EN ACTION (le), Choix de nouvelles, par E. de Margerie.
CINQ ÉPÉES, Rossbach, Radetzky, de Geanevilla, Bagobert et Jugommer, Leo, par le général Ambert.
COLONIE DU CAP (la), par Franz Hoffmann; traduit de l'allemand, avec l'autorisation de l'auteur, par M⁰⁰ Suhons.
CONGO (le), par Emmanuel Ratzin.
DEUX COUSINES, par M⁰⁰ Colette.
ENFANT DU MOULIN (L'), par Mrs Ewing; traduit de l'anglais, par A. Chevalier.
ÉTRANGÈRE (L'), traduit de l'allemand par Louis du Hossem.
FEU DU CIEL (le), par Arthur Mangin.
FOI ET COURAGE, par le R. P. Chauveau, de la Compagnie de Jésus.
FRANCE CATHOLIQUE EN ÉGYPTE (la), par Victor Guérin.
FRANCE CATHOLIQUE EN TUNISIE (la), par Victor Guérin.
GLOIRES DE LA MUSIQUE (les), par M. l'abbé A. Laurent.
HISTOIRES VRAIES, par le marquis A. de Ségur.
ILLUSTRATIONS DE LA MARINE FRANÇAISE, par L. le Saint.
ISABELLE LE TRÉGONNEC, par Marguerite Lavray.
JOURNAL D'UN ADOLESCENT, par MM Victor Coupin et Albert Renout
LÉGENDES BOURGUIGNONNES, par M. E. B***, curé de Volnay.
LOUISE MURAY, par A. Desves.
MARIAGE DE RENÉE (le), par Martho Lachêso.
MARIE-ANTOINETTE, REINE DE FRANCE (histoire de), par J.-J.-E. Roy.
MARIE DE BOURGOGNE, par M⁰⁰ A. Geekler.
MARIE-THÉRÈSE D'AUTRICHE (histoire de), par J.-J.-E. Roy.
OASIS DE PLÉNEUF (l'), par Alfred Giron.
ORPHELINE DE ROCHNIVELEN (L'), par Marie de Harcoût.
PAGE DE LA DUCHESSE ANNE (le), par Alain de la Roche.
PAGES (les), par le P. Marin de Boylesve, S. J.
PAUVRES ET RICHES, par M⁰⁰ O. des Armoises.
PÈRE TRANQUILLE (le), par François Mussat.
PETITE TZIGANE (la), ou l'Enfant perdue et retrouvée, par Louise Hautières.
RÉCITS D'UN ALSACIEN, par Charles Dubois.
REINE-MARGUERITE, ou une Famille chrétienne, par M⁰⁰ A. Desves.
SCIENCE A TRAVERS CHAMPS (la), par M⁰⁰ Marie Maugeret.
SEM, CHAM ET JAPHET, par M. l'abbé Lucien Vigneron.
SIMPLES HISTOIRES, par le marquis A. de Ségur.
SOLDATS FRANÇAIS (les), par le général baron Ambert. Nouvelle édition.
SOUVENIRS D'UN OFFICIER DE CHASSEURS A PIED. Extrait des Notices sur les élèves de l'école Sainte-Geneviève tués à l'ennemi.
STÉPHANIE VALDOR. Étude de mœurs arabes, par M⁰⁰ la C⁰⁰⁰ de la Rochère
SUR LES BORDS DU FLEUVE ROUGE, par Louis d'Estan.
TEBSIMA, ou l'Exilé du désert, récits historiques et légendaires, par M. E. B***
TRAPPEURS DU WYOMING (les), par F.-J. Pajeken, traduit de l'allemand par Louis de Hessem.
UN INVENTEUR MÉCONNU (Frédéric Sauvage), par C. Pailliart.
UN RÉGENT D'ÉCOLE, par Arthur de Jancigny.
VALÉRIE DE LIGNEUIL, par M⁰⁰ la C⁰⁰⁰ de Tillère.
VRAI PATRIOTISME (le), par le R. P. Chauveau, de la Compagnie de Jésus.

Fin d'une série de documents
en couleur

A BORD
D'UN NÉGRIER

2ᵉ SÉRIE IN-8°

PROPRIÉTÉ DES ÉDITEURS

La cargaison de la *Doris* se trouvait au complet. (P. 67.)

A BORD
D'UN NÉGRIER

ÉPISODE DE LA VIE MARITIME

TIRÉ

DES VOYAGES ET AVENTURES DE L. GARNERAY

TOURS
ALFRED MAME ET FILS, ÉDITEURS

M DCCC XCVI

A BORD
D'UN NÉGRIER

I

Voyage en Afrique. — Mon passage sur la *Doris*. — Superstition. — Fâcheux pronostics. — Philosophie du capitaine Llord. — Physionomie d'un négrier. — Les poissons volants. — Olive; mœurs portugaises. — Les tigres. — Une position désagréable. — Bourrasque. — Effets de l'électricité. — Un homme à la mer. — Dévouement. — Arrivée à Zanzibar.

Il était à peine neuf heures du matin; une masse énorme de brouillards rétrécissait pour nous l'horizon.

Au-dessus de ces brouillards, qui ressemblaient assez à de fantastiques montagnes, apparaissaient, éclairés par un soleil de feu, les pics dorés des plus hautes montagnes de l'île, les Salasses, se détachant en clair sur un ciel d'azur.

Des barques courant à toutes voiles, qui s'engouffraient bientôt et disparaissaient comme par enchantement à nos regards dans les humides et sombres vapeurs du matin, complétaient ce tableau indescriptible.

A midi, nous jetions l'ancre dans la rade de Saint-Denis.

A peine descendu à terre, je m'empressai de louer une petite chambre fort laide et peu meublée, dans une cantine; car mes moyens ne me permettaient pas un grand luxe d'appartements, et je ne connaissais personne dans l'île à qui je pusse demander l'hospitalité.

Toute ma fortune consistait alors dans une somme de deux cents francs, le reste de mes appointements de matelot à bord du *Caton*, et je devais vivre le plus économiquement possible. J'avais bien encore quelque argent à toucher à Zanzibar, par suite d'une opération que j'avais faite après le départ de Surcouf, alors que mes parts de prise du *Kent* me permettaient de m'intéresser dans les entreprises maritimes; mais les relations avec ce port étaient si rares et si difficiles, que je ne pouvais raisonnablement compter sur cette ressource pour le moment.

J'étais en train d'expédier un dîner assez équivoque, lorsqu'un matelot entra dans la salle où je me trouvais et vint s'asseoir auprès de moi.

Entre gens de mer, on le sait, la connaissance est bientôt faite; on ne s'étonnera donc pas qu'après un quart d'heure de tête à tête l'inconnu et moi fussions déjà, sinon des amis, du moins des connaissances.

Il m'apprit qu'il se nommait François Combaleau, était natif de Honfleur, et devait partir le soir même sur le brick *la Doris*, de cent soixante tonneaux, commandé par le capitaine Liard.

« Et quelle est la destination de votre navire? lui demandai-je.

— Ma foi, me répondit-il avec un peu d'embarras,

je ne saurais trop vous le dire. Pourvu que l'on me paye mes appointements, cela m'est bien égal de naviguer au nord ou au sud. La mer est toujours la mer... Je crois pourtant que nous devons d'abord toucher à Zanzibar.

Une masse énorme de brouillard rétrécissait pour nous l'horizon.

— A Zanzibar! m'écriai-je. Parbleu, voilà qui ferait joliment bien mon affaire... De graves intérêts m'appellent justement dans cet endroit. Si votre capitaine veut m'accepter en qualité de passager, je m'embarque ce soir avec vous.

— Cette bêtise! le capitaine ne demandera pas

mieux... Il est Arabe comme un juif, M. Liard, et il ne cherche qu'à gagner de l'argent.

— Voilà le malheur, c'est que je n'en ai pas beaucoup d'argent.

— Tiens, qui est-ce qui en a donc beaucoup de monnaie?... Enfin, en avez-vous un peu?

— Très peu, environ deux cents francs.

— Ah bien! merci, vous appelez ça peu, vous! Faut que vous ayez été officier donc!

— C'est vrai..., et même à bord de la *Confiance*.

— Vous avez navigué avec Surcouf? s'écria le matelot en portant instinctivement la main à son chapeau goudronné comme s'il eût voulu me saluer. Eh bien, excusez du peu! Je vous assure que le capitaine Liard, tout liardeur qu'il est, ne vous refusera pas votre passage.

— Ma foi, puissiez-vous ne pas vous tromper! Où demeure-t-il, votre capitaine?

— Je ne saurais vous l'expliquer; mais je puis, si ça vous amuse, vous y conduire.

— Avec plaisir, répondis-je en me levant; allons. »

François Combaleau, qui me parut être une de ces bonnes et franches natures de matelot pleines de dévouement, de philosophie pratique, de bonhomie et de ruse tout à la fois, s'empressa de m'imiter, et nous sortîmes.

« Voyez-vous, lieutenant, me dit-il en route, certainement que je voudrais bien vous avoir à bord; mais, là, franchement, voulez-vous me permettre de vous glisser une observation sous le vent de la brigantine?

— Comment donc, bien volontiers; je vous écoute.

— Eh bien, ne partez pas.

— Pourquoi cela? lui demandai-je, assez étonné de l'air convaincu, grave, presque solennel avec lequel il venait de prononcer ces paroles.

— Si, au lieu d'être un marin, vous étiez terrien, lieutenant, je ne répondrais pas à votre question, me dit Combaleau; car, n'ayant pas d'intelligence, vous ne me comprendriez pas; mais à vous je puis vous avouer ça. Savez-vous quel jour est aujourd'hui?

— Ma foi, nous sommes au 2 janvier.

— Ça, lieutenant, c'est la date et non le jour, nous sommes aujourd'hui un vendredi.

— En effet, vous avez raison, Combaleau.

— Et, qui plus est, ce vendredi est le premier de l'année! Faut que le capitaine, sauf le respect que je lui dois, soit une fameuse canaille pour songer à appareiller un pareil jour! Ah! si je n'avais pas mangé mes avances, aussi vrai qu'il n'y a qu'un Dieu, je ne m'embarquerais pas.

— Le fait est, répondis-je, que le capitaine eût bien pu remettre son départ à demain matin.

— Ah bien oui! il est trop avare pour cela. Enfin n'importe! si je dois boire à la grande tasse, il n'y aura rien à dire. Mais vous qui êtes libre, que rien n'engage, ce serait folie de vous embarquer.

— Bah! la Providence veille là-haut... Et puis, François, laissez-moi vous faire observer qu'on a souvent vu des navires mettre en mer un vendredi et n'en pas moins arriver à bon port pour cela.

— Dame, il y a des hasards si grands! Mais, voyez-vous, je ne vous ai pas tout dit encore, lieutenant.

— Quoi donc? connaîtriez-vous encore un autre mauvais présage?

— Oh! cette fois, c'est de la bêtise du capitaine

qu'il s'agit. Figurez-vous que, pour agrandir le local de la *Doris*, il a fait élever une dunette à bord.

— Eh bien, je ne vois à cela, quelque petit que soit votre navire, aucun motif de danger, si elle a été construite dans de bonnes conditions.

— Permettez! M. Liard, voulant préserver la dunette d'une barre de gouvernail dite franche, en a fait construire une en fer dont le bout drossal, au lieu d'être tourné vers l'avant, l'est vers la poupe, de telle sorte que, pour faire venir le navire sur un bord, il faut, contre la coutume ordinaire, tourner la roue du côté opposé... Comprenez-vous, lieutenant, la bêtise, et oseriez-vous vous embarquer sur un navire comme ça?

— En effet, je trouve que votre capitaine a eu tort d'ordonner cette innovation; mais si, au total, les timoniers veulent y faire attention, ce gouvernail sera aussi facile à manier et produira les mêmes résultats qu'un autre.

— Voyez-vous, lieutenant, me répondit le matelot en hochant la tête d'un air de doute, l'habitude, c'est l'habitude! Quand on est façonné à une chose depuis dix ou vingt ans, si cette chose change, on s'y blouse, c'est sûr.

— Merci de vos avertissements, mon cher ami, dis-je au matelot; mais je vous le répète, coûte que coûte, il faut que je me rende à Zanzibar. Si votre capitaine s'arrange de mes propositions, je courrai avec vous la chance du vendredi et du changement de gouvernail.

— Si vous êtes décidé, lieutenant, c'est différent. Je me tais. Mais nous voici arrivés devant la maison garnie où demeure le capitaine, entrez. »

Par un heureux hasard, je trouvai encore M. Liard chez lui.

Je lui fis part de ma position en quelques mots, et malgré son avarice, du moins à en croire le matelot Combaleau, nous tombâmes promptement d'accord.

« Ce voyage est le premier que je fais en Afrique, me dit-il; je compte sur vous si j'ai quelques renseignements à demander, sur vous qui avez déjà exploré ces parages.

— Comment donc, capitaine! je suis à cet égard tout à fait à vos ordres.

— Mille remerciements! j'ai quelques affaires à terminer, et je ne vous retiens pas davantage. A bientôt. Vous pouvez vous rendre, au reste, tout de suite à bord; nous appareillons dans deux heures. »

Au lieu d'user de cette permission, j'employai ces deux heures à parcourir un peu la ville, que je ne connaissais pas, et à faire quelques petites emplettes indispensables; la nuit venue, je montai dans une pirogue et me fis conduire à bord de la *Doris*; j'arrivai juste au moment de l'appareillage.

Comme j'étais fatigué de mes courses de la journée, je descendis aussitôt dans ma cabine, et, me jetant sur mon cadre, je m'endormis bientôt d'un profond sommeil.

L'habitude du quart me réveilla au milieu de la nuit.

Il faisait une chaleur étouffante, et je me levai pour monter sur le pont.

Ce fut alors que pour la première fois je remarquai, — car jusque-là, absorbé par mes pensées, que ma situation précaire ne rendait pas fort gaies, je n'avais prêté aucune attention aux objets extérieurs, — ce fut alors, dis-je, que je remarquai pour la première fois une singulière et pénétrante odeur dont ma cabine était imprégnée.

Je me frottai les yeux à plusieurs reprises, je humai l'air à pleins poumons, et, persuadé enfin que je ne rêvais pas, je me hâtai de me rendre sur le pont.

Cette odeur, qui me causait tant d'émotion tenait le milieu entre celles du musc et du bouc.

Le capitaine, lorsque j'arrivai sur le pont, ne s'y trouvait plus ; il s'était retiré dans sa chambre

Je m'adressai alors au second, un jeune homme nommé Boudin, de Honfleur, comme je l'appris plus tard, qui le remplaçait.

Toutefois, avant d'aborder cet officier, je remarquai que, toute proportion gardée, le tillac de la *Doris* était exhaussé au moins d'un bon tiers de plus que ne sont ordinairement ceux des corvettes et des corsaires.

Cette découverte changea en certitude complète certains doutes que l'odeur de musc et de bouc dont j'ai parlé avait déjà éveillés dans mon esprit.

« Monsieur, dis-je en saluant le second, je vous demande pardon de vous déranger ainsi ; mais il est une question que je tiens essentiellement à vous adresser sans retard.

— Je suis prêt à vous satisfaire, me répondit M. Boudin, qui était un homme de mœurs douces ; parlez.

— Le brick *la Doris* a déjà fait, n'est-ce pas, la traite des nègres ?

— Oui, Monsieur ; il y a même à peine un mois qu'il est de retour de son dernier voyage.

— Et en ce moment, Monsieur ?

— Eh bien, Monsieur, en ce moment ?...

— Il accomplit sans doute son second voyage ?

— N'étiez-vous pas instruit de cela ? Dans ce cas, vous avez deviné parfaitement juste. Oui, nous nous rendons à la côte d'Afrique pour y prendre une cargaison d'*ébène*...

— Ainsi je me trouve sur un négrier ?

— Votre réflexion me semble au moins logique, me dit M. Boudin en riant. Mais quoi ! Monsieur, trouveriez-vous donc notre entreprise si criminelle, que l'idée de vous savoir à bord d'un négrier vous cause, à vous, marin, de l'émotion ?

— Il me semble au moins que le capitaine eût bien pu, lorsque j'ai été retenir mon passage pour Zanzibar, m'avertir de ce qu'il en était.

— Me l'avez-vous demandé ? dit derrière moi le capitaine Liard en venant se mêler à la conversation.

— Non, capitaine, j'en conviens.

— Eh bien, alors, pourquoi vous aurais-je parlé de cela ? Quoique la traite soit tacitement tolérée, et même, en ce moment, protégée, ce n'est pas une raison pour crier par-dessus les toits que l'on va chercher de l'ébène à la côte d'Afrique !... Les Anglais ont l'oreille fine lorsqu'il s'agit de nuire à la prospérité de nos colonies ; or, comme l'esclavage seul soutient nos possessions d'outre-mer, les Anglais s'indignent rien qu'en entendant prononcer ce mot, et font tous leurs efforts pour nous entraver, nous autres négriers, dans l'accomplissement de notre profession[1] ! Au reste, je croyais qu'à vous, marin, un examen même superficiel de la *Doris* vous aurait suffi pour savoir à quoi

---

[1] Le récit de Garneray se passe en 1806, à l'époque de la guerre entre la France et l'Angleterre.

vous en tenir sur son compte. Voilà pourquoi, lorsque vous m'avez quitté à terre, je vous ai conseillé de vous rendre tout de suite à bord.

— C'est vrai, capitaine; mais je n'ai pas suivi votre conseil; je ne me suis embarqué qu'au dernier moment, et, à peine embarqué, j'ai été me coucher. J'avoue qu'en effet, en y réfléchissant, vous n'avez rien fait pour me tromper, tout au contraire.

— Après tout, monsieur Garneray, que désirez-vous? aller à Zanzibar? Nous allons à Zanzibar, cela doit vous suffire. A moins toutefois, ajouta le capitaine après un moment de silence, et en accompagnant ces paroles d'un sourire ironique, à moins toutefois que la profession de négrier ne vous semble une chose tellement odieuse et coupable, que vous ne puissiez supporter la présence de ceux qui l'exercent.

— Ah! capitaine, voilà une exagération....

— Que ne justifie que trop bien l'émotion que vous avez éprouvée en faisant cette grande découverte que la *Doris* était un navire négrier, interrompit M. Liard. Mais savez-vous bien, Monsieur, que je préfère, moi, être négrier plutôt que corsaire!

— Sous le rapport de l'intérêt, c'est possible...

— Non, sous tous les rapports! s'écria M. Liard en s'échauffant. Écoutez d'abord mes raisons, je vous prie, et vous me répondrez après. Quelle est la mission du corsaire? Ruiner le commerce de l'ennemi en pillant ses navires. Quels dangers court-il? Recevoir un boulet de canon, un coup de hache ou une balle. Bien! Quelle est notre mission à nous? Féconder nos colonies en leur procurant des travailleurs qui puissent, sous un soleil de feu auquel ils sont accoutumés, travailler la terre et lui faire produire ces riches et belles récoltes que l'Europe nous envie. Quels dangers courons-nous? Ils sont dix fois plus nombreux que ceux qui menacent les corsaires.

« D'abord nous avons les révoltes des esclaves à bord, événements, comme vous le savez, malheureu-

La *Doris* en négrier à Zanzibar.

sement fort fréquents, c'est-à-dire des luttes qui n'ont rien d'humain, qui sont atroces, inexorables, où la grâce est inconnue, où l'on succombe sans espoir de merci; ensuite, danger moins poétique peut-être, mais tout aussi grand, les fièvres pernicieuses de la côte, qui nous enlèvent bien plus de gens, en une seule traversée, que les boulets anglais ne moissonnent, certes, de matelots pendant une croisière. Vous voyez, Monsieur, que, sans amour-propre de métier, je puis prétendre que je vaux au moins autant, comme capitaine négrier, que je vaudrais comme corsaire.

— La traite, capitaine, porte en elle un cachet de violence qui me révolte. De quel droit enlevez-vous des hommes libres pour les plonger, quoiqu'ils ne soient pas vos ennemis, dans un affreux esclavage?

— D'abord et avant tout je vous ferai observer une chose, c'est que ces hommes à qui, d'après vous, nous arrachons si illégalement leur liberté ne sont pas libres; nous n'achetons que des esclaves.

— J'en conviens, mais au moins sont-ils esclaves dans leur pays?

— Je vous conseille de faire valoir cette raison! Vous ne pouviez en trouver une plus détestable. Vous ne devez pas ignorer, vous surtout qui avez déjà parcouru toute la côte d'Afrique, qu'il n'y a rien de cruel, de vindicatif, d'avare, d'emporté comme les chefs africains. Considérant leurs esclaves comme des animaux, ils les traitent avec une inhumanité qui n'a pas de nom! En possédant un nombre beaucoup plus considérable qu'ils n'en ont besoin, ils s'amusent souvent, lorsque l'arack enflamme leur cerveau, à zagayer, comme passe-temps et comme exercice, les malheureux qui leur appartiennent, et dont ils ne savent souvent que faire. N'a-t-on pas vu cent fois des chefs africains laisser mourir de faim des centaines d'esclaves?... Ah! croyez-moi, monsieur Garneray, vous qui avez vu cela de près. Trouvez-vous donc qu'à l'île de France ou à Bourbon la position de nos esclaves soit bien pénible? Je vous défie de me répondre oui. Comme dans nos colonies un nègre représente une assez grande valeur, il est de l'intérêt de son maître de le bien soigner, de ne pas l'accabler d'ouvrage, car toute dépréciation de sa personne devient une perte pour lui. »

Le capitaine Liard parla sur ce ton pendant fort longtemps, mais il ne put me convaincre. Honteux et indigné de me trouver en compagnie d'un trafiquant de chair humaine, je redescendis dans ma cabine sans ajouter un mot.

Je dormais probablement depuis longtemps, quand je fus réveillé par un grand cri; je m'élançai sur le pont : un triste spectacle frappa ma vue.

Le lieutenant de la *Doris*, un tout jeune homme, nommé Chasteney, gisait par terre au milieu d'une mare de sang et ne donnait plus signe de vie. En effet, il était bien mort; un épissoire mal amarré dans la hune lui était tombé sur la tête et l'avait tué raide.

« Voilà ce que c'est que de partir un vendredi, » dit une voix à mon oreille. Je reconnus, en me retournant, le matelot François Combaleau.

La mort tragique et si inattendue du lieutenant Chasteney, ainsi commentée et expliquée, produisit une vive impression sur l'équipage. Pas un des matelots de la *Doris* n'eût hésité, si cela eût été alors en son pouvoir, à débarquer immédiatement; il semblait à chacun que cette traversée, si imprudemment commencée un vendredi, et dont un fatal événement venait de marquer le début, ne pouvait finir autrement que par une catastrophe générale.

« Monsieur Garneray, me dit le lendemain matin le capitaine pendant le déjeuner, j'ai une prière à vous adresser. Vous m'avez hier manifesté votre aversion pour la traite; mais n'importe, entre marins il y a de ces services que l'on ne peut se refuser : je pense donc que vous voudrez bien remplir à bord de la *Doris* la place laissée vacante par la mort de M. Chasteney.

— Jusqu'à Zanzibar seulement, oui, capitaine, et je mets encore à cela une condition : c'est que, quoique remplissant les fonctions de lieutenant, et je les remplirai en conscience, je ne cesserai pas pour cela d'être passager. Inutile d'ajouter que je ne demande ni ne veux d'appointements, car j'ai juré que je ne naviguerais jamais comme négrier.

— Je dois me soumettre, quoique à regret, à vos désirs, Monsieur, » me répondit le capitaine en laissant malgré lui percer la joie que lui faisait éprouver mon refus d'appointements.

Une fois que je fus investi de mes fonctions gratuites, le capitaine me présenta à l'équipage en me désignant les hommes par leurs noms; les voici : Fleury, maître; Martin, charpentier; Boubert, tonnelier.

Les matelots étaient : Fleury, frère du maître d'équipage 1, de Honfleur; Prendtout, de la Rochelle; François Combaleau, Perrin et Ducasse; le novice se nommait Fignolet. On voit que l'équipage de la *Doris*, y compris le capitaine et moi, se composait en tout de douze hommes.

Quant à la *Doris*, qui avait été construite à Hambourg pour en faire un corsaire, elle marchait admirablement, et en était à son troisième voyage à la côte; ses deux premiers avaient enrichi le capitaine qui la commandait alors et qui, s'étant retiré, avait cédé sa place à M. Liard.

M. Liard, assez bon marin et ne manquant pas d'instruction, était un ex-officier de la marine militaire. D'une sordide avarice, d'un caractère impérieux et dur, d'un égoïsme profond, il était peu sympathique à son équipage.

Je demanderai à présent au lecteur la permission d'interrompre un instant ce récit pour lui donner, ce qu'il ne connaît nullement, la physionomie d'un navire négrier.

J'ai lu avec autant d'attention que de surprise tous les romans maritimes qui ont paru jusqu'à ce jour, et je ne puis m'empêcher de déclarer que je n'ai trouvé dans la plupart d'entre eux que de monstrueuses hérésies en fait de marine.

Un romancier, quand il lance un négrier sur l'Océan, ne manque jamais de le faire se déguiser pour échapper aux investigations de l'autorité, et je déclare que ce travestissement n'est pas possible. Que l'on change jusqu'à un certain point et dans une certaine mesure l'aspect d'un négrier, je le conçois; mais on ne le dénaturera jamais de telle façon qu'il en devienne méconnaissable aux yeux des gens du métier.

Le négrier est déjà reconnaissable, sur le chantier, par la perfection de sa coupe. Construit selon sa destination, c'est-à-dire de façon à pouvoir échapper aux croiseurs et offrir les conditions de salubrité indispensables au salut de la traite, le négrier doit être à coffre, doublé en cuivre et percé de sabords pour y placer une batterie. En outre, proportions gardées, son tillac est exhaussé au-dessus de la flottaison au moins d'un tiers de plus que ceux des corvettes et des corsaires, et voici pourquoi : d'abord pour donner plus de hauteur au parc des noirs, construit sur le faux-pont; ensuite pour que l'on puisse arrimer beaucoup d'eau et de vivres; enfin pour assurer au navire la qualité essentielle de ne pas embarquer la vague dans les gros temps, car il n'y a rien de si nuisible à la santé des noirs que d'être mouillés par l'eau de mer; ce que l'on s'expliquera aisément en songeant que les logements des esclaves étant fort chauds, il résulte de cette humidité, dilatée par une haute température et saturée d'émanations infectes, des épidémies horriblement meurtrières.

Quand bien même le navire négrier ne serait pas un bâtiment spécialement construit en vue de la traite, on reconnaîtrait encore facilement sa destination à mille signes révélateurs : à son équipage, composé d'hommes d'élite; à ses chaudières, aux charniers; à ses grandes embarcations, quelquefois pontées, mais toujours gréées avec beaucoup de soin, car elles sont obligées souvent de faire des courses lointaines; enfin à son artillerie, à ses armes, à ses cloisons. Parviendrait-on même à dissimuler tous ces indices accusateurs, il resterait encore à bord assez de preuves irrécusables pour le trahir, telles que les barreaux destinés à supporter le faux-pont volant, les planches nécessaires à la confection du faux tillac, les emménagements des parcs, le bois nécessaire à la construction de sa rambade, enfin l'énorme quantité de toile goudronnée dont on a besoin pour confectionner le tout.

J'en demande donc bien pardon à MM. les romanciers maritimes qui ont souvent consacré des chapitres entiers à opérer le déguisement d'un négrier; mais ce déguisement est matériellement impossible.

Je reviens à notre voyage.

Depuis cinq jours que nous avions quitté l'île Bourbon, une brise excellente nous avait, malgré le mauvais présage du vendredi, constamment favorisés; nous faisions une navigation délicieuse. Notre bonheur nous fit aussi tomber dans un banc de poissons de flot, d'espèces variées, qui s'attacha à notre navire, et qui, en dépit des nombreux emprunts que lui faisait à chaque instant l'équipage, emprunts qui ne laissaient pas un moment de répit au cuisinier, nous accompagna jusqu'à la côte d'Afrique.

Nous croyons que le lecteur ne nous en voudra pas de nous voir déposer un moment la hache d'abordage pour lui présenter une peinture exacte, et probablement nouvelle pour lui, des scènes intimes des habitants des mers des Indes.

Parmi les poissons qui nous suivaient, ou pour être plus exact, qui suivaient la même route que nous, on remarquait la rapide bonite, le thon vorace, la dorade au nez camus et aux mille couleurs chatoyantes, enfin l'infortuné et timide poisson volant, la malheureuse victime de ceux que je viens de nommer.

L'innocent et inoffensif poisson volant, le plus persécuté, certes, de tous les hôtes de l'onde, est connu sous mille noms; c'est, au choix du lecteur, le dactyloptère, le pyrapède, l'arondelle, l'hirondelle, le ratepenade, le faucon de mer, le rondalo, la chauvesouris, etc.

Quant à nous, nous avouons ici en toute sincérité que ce pauvre petit malheureux, si joli et si gracieux de forme et de couleur, nous a toujours inspiré un vif intérêt. Jamais nous n'en avons mangé, et cela nous est arrivé bien souvent, sans nous apitoyer sur son sort. Au reste, frit à point, il n'est pas très mauvais.

Le dactyloptère, malgré sa double nature, qui, au premier abord, semblerait devoir lui procurer de grandes facilités pour se dérober à l'acharnement de ses nombreux ennemis, ne trouve, au contraire, de sûreté nulle part. Imparfaitement conformé pour le vol et pour la nage, c'est-à-dire volant moins bien qu'un oiseau, et nageant moins bien qu'un poisson, il n'évite le bec du premier que pour tomber sous la dent du second ; quelquefois même ses deux ennemis, fondant ensemble et en même temps sur lui, se disputent, l'un par en haut, l'autre par en bas, les deux extrémités de son corps.

Lorsque l'infortuné dactyloptère est poursuivi par un tout autre affamé que par la dorade, il lui arrive fort souvent de s'échapper ; mais si c'est cette dernière qui lui donne la chasse, on peut à peu près le considérer comme perdu.

Rien de curieux et d'intéressant comme d'assister à une de ces luttes que stimulent d'un côté la gourmandise, de l'autre l'instinct de la conservation et la peur. Traçons donc un des mille épisodes de cette espèce dont nous avons été témoin.

Lorsque aucun ennemi ne harcèle le poisson volant, ce pauvre petit amphibie se tient ordinairement à la superficie de la mer ; je dis *tient* et non pas *repose*, et bien lui en prend ; en effet, voici une dorade qui se précipite sur lui, aussi rapide dans son sillage que l'hirondelle dans son vol.

Heureusement le poisson volant l'a aperçue ; prenant aussitôt un élan soudain, il s'élance d'abord à quelques pieds dans les airs ; peu après cependant il descend, ne conservant plus entre la mer et lui qu'une distance d'une coudée et demie au plus ; seulement, soutenu par la fraîcheur de l'eau qui entretient l'humidité des ailes, il rase la surface de la vague en suivant la direction de la brise.

De son côté, la dorade, que cette fuite n'a pas déconcertée, n'abandonne pas sa poursuite. Nageant couchée sur son flanc, pour pouvoir mieux la guetter, elle effleure à peine la surface de l'eau afin d'amoindrir la pression qui ralentirait sa marche, et ne perd pas sa proie future un seul instant de vue. Rien n'égale, je ne puis trop le répéter, la rapidité fabuleuse, et dont on ne peut se faire une idée, du sillage de la dorade.

Cette chasse acharnée continue ainsi pendant près d'un quart de minute parfois ; enfin le vol du malheureux dactyloptère perd de sa régularité, se ralentit, devient saccadé. Bientôt ses ailes transparentes, rendues inertes par suite de leur manque d'humidité, qui ne leur laisse plus de prise sur l'air, ne soutiennent plus qu'avec peine son corps alourdi, qui s'incline alternativement d'un côté sur l'autre, ainsi que la coque d'un navire démâté qui obéit au roulis ; dès lors, adieu tout espoir, l'heure de sa mort va sonner.

Épuisé de lassitude, saisi d'effroi, l'infortuné n'a plus d'autre ressource que celle de retremper ses ailes, afin de reprendre de nouvelles forces, dans son élément natal ; oui, mais il sait que la dorade est là qui l'attend, implacable dans sa gloutonnerie... Que faire ? Rien ; ses forces sont épuisées, il faut qu'il succombe. Voici la dorade qui le saisit : que son estomac te soit léger, pauvre petit malheureux !

Il y a cependant des poissons volants, plus roués et plus rusés que leurs autres compagnons sans doute, les intrigants et les habiles de leur race, qui savent braver impunément la poursuite de la dorade. Ceux-ci, au lieu de s'envoler avec la rapidité et la brutalité d'une pierre lancée par une fronde, modèrent la vitesse de leur ascension, de façon que la marche de la dorade la dépasse ; alors, faisant une volte, ils retrempent leurs ailes tout à leur aise dans la mer, et se sauvent en battant une contremarche.

A présent je reviens, pour ne plus le quitter cette fois, à notre voyage de traite.

M. Liard, je l'ai déjà dit, en était à sa première *opération d'ébène* ; plus présomptueux encore qu'ignorant dans cette matière, il nous racontait toute la journée les sublimes et admirables innovations qu'il devait apporter dans ce négoce. Il était en train, nous disait-il, d'inaugurer sa nouvelle carrière par un coup d'éclat. Or ce coup d'éclat, d'après la pensée du capitaine, signifiait qu'il achèterait sa cargaison à vil prix pour la revendre très cher. Pour accomplir ce projet, il résolut donc de s'adresser à quelques comptoirs peu fréquentés, où la marchandise fût, à défaut de concurrence, abondante, de choix, et à prix, pour ainsi dire, nul.

Le 13 janvier, onze jours après notre départ de l'île Bourbon, nous mouillâmes à Oibe, ou Oive, petite île située à l'embouchure nord du canal de Mozambique, séparée du continent par un bras de mer d'une lieue de large environ, et flanquée au nord et au sud de deux autres îles plus petites qu'elle encore.

Un amas de cabanes obscures, privées d'air, ayant de mauvais jardins mal entretenus, et dispersées çà et là sans ordre, constituaient la ville d'Oive. Une maison délabrée, à un étage, une vraie masure, représentait le palais du gouverneur ; enfin, derniers vestiges de la grandeur et de la puissance portugaises, un fortin en ruines et une chapelle qui n'existait, pour ainsi dire, plus, résumaient tous les monuments de cette ville remarquable. Ce que nous trouvâmes de plus curieux dans cette île, ce furent les cocotiers, qui y sont en si grande abondance, qu'ils laissent à peine entrevoir les habitations envahies par le feuillage.

El signor gobernador nous reçut, à notre débarquement, en grande cérémonie. Sa garde, et Dieu sait quelle garde ! nous accompagna à son palais en affectant de marcher au pas, comme si elle eût connu l'exercice. Quant au signor gobernador, juché sur un trône composé d'un tonneau surmonté d'un petit banc en bois et recouvert d'un vieux rideau de couleur, il garda fièrement son chapeau sur la tête en nous voyant entrer, et ne nous adressa, pendant toute la durée de la cérémonie, que deux ou trois monosyllabes ; en un mot, il fut plein de dignité.

Le lendemain, il venait incognito à notre bord et descendait jusqu'aux supplications les plus viles auprès de notre capitaine pour que celui-ci voulût bien lui prêter vingt piastres; mais M. Liard ne voulut jamais, c'est une justice que l'on doit lui rendre, y consentir.

Le second personnage, le plus important de l'île, après le signor gobernador, était l'*official de la guarda*; ce titre répondait à peu près à celui de général commandant les troupes: la garnison d'Oïve était composée, y compris un fifre et un tambour, de dix-sept hommes !

Au reste, actif, souple et industrieux, l'official de la guarda employait de son mieux les loisirs que lui laissait le commandement des troupes; il était chargé de la police et de la douane de l'île. La douane lui permettait de molester les voyageurs ; la police de la ville, de s'en faire des amis.

Les habitants de cette ville méritent quelques lignes ; ils représentent, depuis le noir de jais, toutes les nuances imaginables possibles, y compris celles du cuivre et du café au lait ; cette dernière couleur est considérée par eux comme le blanc pur. La nature de leur cheveux est aussi variée que leur carnation. Tous les résidents d'Oïve disent être Portugais ; le plus noir de tous est même celui qui soutient cette prétention avec le plus d'énergie ; en outre, tous descendent de nobles et illustres familles ; leurs aïeux étaient les plus puissants seigneurs de la cour., cela ne fait pas un seul doute.

Quant aux costumes de ces nobles rejetons, il me serait assez difficile d'en donner une description, par la bonne raison qu'ils n'en ont pas de précisément national. C'est un composé de haillons datant du siècle dernier, arrangés avec le moins de goût possible ; les lions ou les dandys de la ville les plus à la mode marchent toujours, pendant la semaine, pieds nus. Les dimanches et les jours de fêtes, c'est tout autre chose ; une métamorphose complète s'opère dans la toilette des Oïviens. On dirait une lugubre et triste résurrection des XVIIe et XVIIIe siècles : les crevés, les pourpoints, les vestes jadis brodées, les jabots, les grands cols, les manchettes, les fraises, les brettes et les rapières sortent de la poussière des tombeaux et donnent à la population un air d'outre-tombe que la plume ne peut rendre, que le pinceau seul serait capable de retracer.

Quant à moi, ce spectacle grotesque, au lieu d'éveiller ma gaieté, me causait une profonde et pénible impression de tristesse; mon cœur se serrait à la pensée que tous ces spectres jaunes, hâves, ridicules et abrutis, étaient les descendants de ces intrépides et redoutables marins qui, bravant les premiers l'approche du cap des Tempêtes, pénétrèrent dans les mers du nord-est de l'Afrique, et plantèrent avant tous leurs rivaux des autres nations les bannières de l'Europe sur les pagodes de l'Inde. Au reste, Oïve n'est point le seul comptoir portugais d'Afrique qui présente cette décadence; tous, excepté celui de Mozambique, chef-lieu du littoral, et qui se distingue encore par son luxe et par ses richesses, sont entièrement déchus de leur antique splendeur.

Depuis six jours que nous nous trouvions à Oïve, nos affaires, ou pour mieux dire, celles du capitaine Liard, — car, une fois à terre, j'étais rentré dans mon rôle de passager, — n'avançaient pas du tout. A chaque instant de prétendus courtiers venaient trouver le capitaine, lui promettant monts et merveilles, buvaient avec lui, puis ensuite le promenaient, sous prétexte de courir les entrepôts qui n'existaient pas, à travers les ruines de la ville, afin d'avoir, le soir venu, le droit de lui réclamer pour leur peine un léger courtage.

Ces mystifications se renouvelèrent si fréquemment, que M. Liard comprit enfin que ce qu'il avait de mieux à faire était de remettre à la voile et d'abandonner ce misérable comptoir, où il avait espéré, faute de concurrence, pouvoir conclure une brillante affaire.

Toutefois, avant de reprendre la mer, il résolut d'approvisionner de bois le navire, et désigna quelques-uns de nos hommes pour aller en abattre. Je devais, cela n'ayant aucun rapport avec la traite, diriger cette opération. Lorsque les naturels apprirent notre intention, ils s'empressèrent, en échange de quelques menus objets insignifiants et de nulle valeur, de nous fournir tout le bois dont nous pourrions avoir besoin ; ils nous avertirent en outre que le littoral de la grande terre était infesté d'animaux dangereux, et que nous nous exposerions à de grands dangers. Le capitaine n'ignorait point cette circonstance ; mais, ne pouvant se résoudre, dans son avarice, au moindre sacrifice, il n'en persista pas moins dans sa résolution. Les observations respectueuses que lui adressèrent nos hommes à ce sujet ayant échoué, les matelots désignés durent se soumettre à sa ridicule et cruelle exigence : un capitaine, n'est-il pas, après Dieu, le maître à bord de son navire ?

Quant à moi, à la rigueur, j'aurais pu fort aisément, en ma qualité de passager, me dispenser de cette corvée ; mais, ne voulant pas abandonner les matelots désignés, je partis un matin avec Combaleau, Ducasse et le novice, pour la périlleuse exploration. Le soleil se levait à peine lorsque nous mîmes pied à terre dans une petite anse du continent. Cette anse était bordée par une de ces forêts vierges impénétrables et mystérieuses, dont le sombre et solennel aspect parle toujours aussi vivement à l'imagination du voyageur que s'il le voyait pour la première fois.

J'étais armé d'un sabre et d'un mauvais fusil à deux coups ; mes gens avaient également un fusil et une hache ; seulement la qualité de nos armes était si inférieure, si détestable, que nous n'osions guère compter sur elles.

Au total, pourquoi ne pas l'avouer ? nous n'étions pas très rassurés les uns ni les autres.

« Lieutenant, me dit Combaleau, ne serait-il pas bon que nous avancions tous les quatre de front? Quant à moi, quoique je n'aie jamais été un grand chasseur, et que les habitudes des bêtes féroces de terre me soient peu connues, je trouve que cette empreinte si profondément incrustée sur la grève, là, à vos pieds, est un avertissement qui nous commande la prudence.

— Ah! diable! m'écriai-je après m'être baissé pour examiner l'empreinte signalée par François, quel que soit l'animal qui ait posé sa patte ici, il possède des griffes épouvantables.

— M'est avis que ce doit être un tigre ou un lion, lieutenant? Si nous envoyions Fignolet à la découverte? Ce garçon-là n'est encore que novice; ce serait, s'il est dévoré, une moindre perte pour l'équipage que celle d'un matelot.

— Ah bien! merci, s'écria le pauvre Fignolet en se serrant contre moi, je ne bouge plus, moi.

— Fignolet, tu es un égoïste et je te revaudrai cette petitesse de ta part, dit en riant François; mais enfin pour le moment, il s'agit de terminer notre tâche le plus vite possible.

— Ma foi, François, tu as raison, m'écriai-je; plus tôt nous nous éloignerons de cette tanière, mieux cela vaudra... Suivez-moi. »

En parlant ainsi, j'armai mon fusil et je m'avançai vers la lisière du bois, qui n'était guère éloignée de nous de plus de trois cents pas.

Je venais à peine d'atteindre les premiers fourrés, quand, poussant une exclamation d'étonnement et d'effroi, je me rejetai vivement en arrière. Le fait est que le spectacle qui avait frappé ma vue était quelque chose de si effrayant, de si bizarre, de si imprévu, que je ne savais plus où j'en étais ; mon cœur battait à se rompre dans ma poitrine, une sueur froide perlait sur mon front ; la terreur paralysait toutes mes facultés et me tenait cloué à ma place droit et immobile.

« Qu'est-ce qu'il y a donc, lieutenant ? me demanda tranquillement Combaleau, dont je commençai à soupçonner, à partir de ce moment, l'inébranlable intrépidité ; des bêtes qui vous ont fait la grimace ? »

Quant à Ducasse, il tremblait de tous ses membres ; Fignolet s'était jeté par terre, et se sauvait en rampant sur le ventre du côté de notre canot.

« Vraiment, François, répondis-je au matelot en essayant de reprendre mes esprits, je ne sais pas trop si j'ai rêvé ; le brouillard assez intense qui s'élève de ce petit bras de mer qui entre dans la forêt m'a empêché de bien distinguer... Peut-être me suis-je trompé... Voulez-vous m'accompagner ?

— Comment donc ! lieutenant, mais avec plaisir. »

Je m'avançai avec beaucoup de précaution, presque en rampant, vers l'endroit où j'étais déjà parvenu une première fois. Combaleau me suivait sans la moindre émotion ; un sourire tant soit peu moqueur qu'il essayait de dissimuler se dessinait sur ses lèvres.

« C'est ici, lui dis-je à voix basse et en m'avançant ; regardons ensemble. »

François et moi, nous nous levâmes doucement, en ayant soin de ne pas faire crier les branches. Le même spectacle qui déjà m'avait épouvanté si fort, et que je ne pouvais me décider, tant il me semblait impossible à accepter comme une réalité, frappa encore cette fois de nouveau mes regards et mes oreilles. D'abord c'était comme un bruissement de puissantes mâchoires occupées à dévorer une proie ; puis à travers les vapeurs du brouillard se détachait un grand corps noir étendu immobile par terre ; sur ce corps ou sur cette

Découverte des tigres dans l'île d'Oive.

masse, de nombreux animaux, dont la puissance musculaire se devinait aisément à la rapidité de leurs mouvements, semblaient bondir en secouant leurs têtes ; leurs yeux brillaient comme des feux follets. François, que je regardais, n'osant lui adresser la parole de peur d'être entendu par la meute mystérieuse et affamée

2*

dont cent pas nous séparaient à peine, François était pâle comme un mort.

« Vous aviez raison, lieutenant, me dit-il. Il n'y a rien à faire... Ah! voici une paire d'yeux brillants qui se rapprochent de nous. Sauvons-nous! sauvons-nous! »

Le matelot achevait à peine de prononcer ces mots, quand un rugissement prolongé et épouvantable retentit à quelques pas seulement de nous et nous glaça d'un tel effroi, que nous restâmes un moment immobiles, sans trouver assez de forces pour fuir.

« Fignolet! Ducasse! m'écriai-je en prenant mon élan vers la plage, embarquez! embarquez! »

Cette recommandation était inutile ; je trouvai, en me précipitant dans le canot, le matelot et le novice appuyant déjà sur les avirons et poussant de fond pour s'écarter du rivage.

« Et moi donc! s'écria en ce moment François en se lançant parmi nous. Ouf! je l'ai échappé belle... J'ai trébuché sur je ne sais quel animal, et j'ai manqué de me casser la jambe!... Allons! ferme à présent sur les avirons! »

Bien nous en prit de ne pas perdre de temps, car à peine avions-nous franchi une distance de quatre toises, que deux énormes tigres apparurent tout à coup à nos regards sur le bord du rivage.

A la vue de la ceinture d'eau qui nous séparait d'eux, les monstres semblèrent hésiter sur ce qu'ils devaient faire; bientôt cependant le moins grand des deux, reculant de quelques pas, prit un élan terrible, et, s'élançant à corps perdu dans notre direction, s'en vint tomber à une brasse de nous.

Étourdi d'abord par la violence de sa chute, et

aveuglé par l'eau de la mer, car il avait commencé, en tombant, par disparaître sous la vague, le tigre, poussé néanmoins par son élan jusque sous notre canot, se mit à nager avec énergie et se dirigea vers l'arrière de notre frêle embarcation.

Effrayé du danger que nous allons courir si l'animal parvient à atteindre le canot, je stimule de mon mieux François et Ducasse à forcer de rames. Quant au novice Fignolet, il s'est couché de nouveau à plat ventre au fond de notre esquif, où il ne cesse de répéter, quoique personne ne lui adresse la parole et ne songe à lui : « Laissez-moi tranquille ! laissez-moi tranquille ! »

Cependant le tigre, en sentant sur son dos le contact d'un corps solide, se retourne brusquement, et, avant que nous puissions l'en empêcher, se cramponne avec ses formidables griffes, qu'il me semble voir encore pendant que j'écris ces lignes, à bâbord de notre bateau, qui, entraîné par cette surcharge, s'incline jusqu'à embarquer la vague et menace de chavirer.

François et moi nous nous jetons à tribord, et notre contrepoids redresse un peu l'embarcation.

« Il n'y a pas de danger, lieutenant, me dit Combaleau, les pattes de derrière du tigre ne portent sur rien. Heureusement il ne peut embarquer tout de suite. Flanquez-lui une balle dans la tête, ça le calmera peut-être. »

Prendre mon fusil, l'armer, mettre le monstre en joue et faire feu fut pour moi l'affaire d'une seconde; l'amorce seulement s'enflamme, le coup ne part pas.

Le tigre, de plus en plus furieux, nous étourdit de ses rugissements. Sa grande gueule, démesurément ouverte et à demi enfoncée dans la mer, nous recouvre d'une pluie d'eau chaque fois qu'il reprend son souffle. Il se consume en efforts pour escalader le canot, et à chaque instant il semble près de réussir ; ce spectacle est effrayant.

Au moment même où l'amorce seule de mon fusil s'est enflammée, François, abandonnant son aviron, saisit une hache et cherche à briser le crâne du monstre ; mais le tigre, avec une incroyable adresse, évite tous les coups que le matelot lui porte.

« Frappons plutôt sur les pattes, François, et faisons-lui lâcher prise. »

En effet, à peine ai-je prononcé ces paroles, que j'allonge un furieux coup de sabre dans le canot ; c'en est fait, nous ne pouvons plus l'empêcher d'embarquer.

Je vais, dernière et probablement inutile tentative, essayer de lui plonger mon sabre dans la gueule, lorsque tout à coup le novice Fignolet se redresse, exaspéré, du fond de l'embarcation, saisit mon fusil, que j'ai laissé tomber, puis mettant en joue le monstre :

« Ah ! canaille, lui crie-t-il, ça t'apprendra à me faire si peur ! » Le coup part, et le tigre, retombant dans la mer, roule un moment sur la surface de l'onde et disparaît enfin sous une nappe de sang. Nous sommes vainqueurs ; Fignolet nous a sauvés, Fignolet est un héros !

Le danger auquel nous venions d'échapper d'une façon si grotesque et si miraculeuse tout à la fois nous avait causé une telle impression, que nous fûmes pendant quelques instants sans prononcer, ni les uns ni les autres, une seule parole. Toutefois, dans la crainte que le monstre resté à terre spectateur exaspéré et rugissant de ce combat, si fatal à son compagnon, ne songeât à venger sa défaite, nous nous hâtâmes de forcer de rames.

Ce ne fut que quand nous nous trouvâmes enfin à une respectueuse distance du rivage que nous songeâmes à entrer en explication.

Nos premières paroles furent pour complimenter Fignolet; le pauvre garçon était redevenu, sa sublime colère passée, tout tremblant, et nous eûmes beaucoup de peine à le rassurer. Il ne pouvait croire à son triomphe.

« Tu as fait preuve, Fignolet, lui dis-je, d'une rare présence d'esprit.

— Moi, lieutenant? me répondit-il en jetant autour de lui des regards effarés pour voir si d'autres tigres ne nous poursuivaient pas; je vous assure que ce n'est pas ma faute. Je ne sais pas ce que j'ai fait...

— Tu as beau te défendre, tu ne nous prouveras jamais qu'il ne t'a pas fallu déployer un grand sang-froid pour amorcer de nouveau mon fusil et atteindre le monstre à bout portant...

— Je n'ai pas amorcé votre fusil, lieutenant...

— Au moins as-tu eu soin de n'appuyer que sur la détente du coup que je n'avais pas tiré.

— Ah! mon Dieu! mon lieutenant, je ne savais même pas qu'il y eût un coup de mieux chargé que l'autre. J'ai appuyé machinalement sur quelque chose. Je n'ai rien vu, rien visé. Je ne puis comprendre que le tigre soit tombé. Peut-être, après tout, lui aviez-vous coupé la patte; car, à dire vrai, je n'ai pas entendu la détonation de mon arme, et je ne suis pas bien certain encore que le coup soit parti. Croyez-vous, lieutenant, qu'ils ne reviendront plus ?

— Que nous importe ? tu es avec nous, Fignolet, nous ne pouvons rien craindre ! »

Une chose m'étonnait dans l'attaque dont nous avions manqué d'être les victimes, c'était qu'un tigre se fût jeté à la mer pour nous poursuivre. J'avais si souvent entendu parler de l'horreur et de l'aversion qu'éprouvent ces animaux pour l'eau, que je ne pouvais m'expliquer l'action de celui-ci. François, sans s'en douter, m'éclaircit ce mystère.

« Parbleu ! lieutenant, je l'ai, je vous le répète, échappé bien plus belle que vous autres encore. Pendant que je courais vers la plage pour rejoindre l'embarcation, j'ai bousculé dans le ressac d'un ruisseau un animal qui s'était embarrassé entre mes jambes, et j'ai fait une chute un peu soignée. Or, pendant ce temps-là, deux tigres étaient déjà à nos trousses. Si je m'étais seulement démis le pied, ou que je fusse resté étourdi un quart de minute, j'étais drôlement croqué !

— Quel est donc cet animal qui vous a fait trébucher, François?

— Je ne sais, lieutenant, je lui ai allongé un tel coup de pied, qu'il est allé tomber à la mer, et le courant l'a emporté en dérive. Il me semble que ce devait être, à en juger par sa conformation et par sa taille, un gros renard.

— Parbleu! m'écriai-je, je comprends tout maintenant. De même que l'illustre Fignolet nous a sauvés sans le faire exprès, de même vous avez manqué, vous, François, sans vous en douter, d'être la cause de notre perte.

— Moi, lieutenant ? Et comment cela ?

— Ne comprenez-vous donc pas que cet animal que vous avez jeté à la mer, que le courant a emporté en dérive et que vous supposez être un renard, était tout bonnement un jeune tigre ?

— Tiens ! au fait, vous pourriez avoir raison.

— Et que le monstre qui nous a poursuivis avec tant d'acharnement était sa mère, sa tendre mère, qui d'abord ne s'était précipitée à la mer que pour ressaisir son nourrisson, mais qui, nous trouvant sur son chemin, n'a pu se retenir de nous témoigner son mécontentement de votre brutalité ? Cela ne fait pas un doute pour moi. »

En effet, nous tombâmes tous d'accord sur la probabilité de ma conjecture. Nous atteignîmes bientôt Oive sans aucun nouvel incident. Seulement François Combaleau, Ducasse et Fignolet, Fignolet surtout, me déclarèrent en mettant pied à bord que si le capitaine Liard exigeait qu'ils recommençassent à aller couper du bois, ils se mettraient en rébellion erte plutôt que de lui obéir.

En arrivant à Oive, je me présentai, après toutefois avoir rendu compte au capitaine de l'infructueuse issue de notre mission, chez le signor gobernador, auprès duquel un peu d'eau-de-vie offerte à propos m'avait mis au mieux, et je lui racontai nos aventures du matin.

Le signor gobernador, intrigué de savoir comment il pouvait se faire qu'une aussi grande quantité d'animaux féroces se trouvât réunie sur un seul et même point, fit immédiatement partir quelques naturels pour vérifier ou expliquer ce fait extraordinaire.

Le soir même nous avions l'explication de ce mystère. Un énorme requin s'était introduit, durant le flux de la marée, parmi les racines crochues des mangliers qui bordent la côte, et, n'ayant pu se dégager à temps pour regagner le large à la faveur du reflux, était resté échoué sur le sable. Attirés par cette bonne aubaine, les tigres de la forêt faisaient probablement depuis quelques jours ripaille avec le corps de ce squale et tenaient table ouverte toute la journée.

Les dents du requin échoué, dont les naturels rapportèrent la mâchoire, mesuraient plus d'un pouce et demi, ce qui donnait pour le monstre une longueur de vingt-cinq pieds de tête en queue.

Le capitaine s'étant décidé, bien à contre-cœur, à acheter le bois dont nous avions besoin, et rien ne nous retenant plus à Oïve, nous devions mettre à la voile le lendemain, lorsque l'official de la guarda vint trouver M. Liard et lui proposa un marché magnifique, c'est-à-dire une partie de la cargaison d'ébène dont il avait besoin.

« Je ne sais, me dit le capitaine, avec qui je me trouvais en ce moment, si je dois suivre cet intrigant. Je ne serais pas étonné qu'il me tendît un piège. Pourtant, d'un autre côté, si ma méfiance allait me faire manquer une bonne affaire...

— Si vous craignez quelque chose, voulez-vous, capitaine, que je vous accompagne?

— J'accepte votre proposition avec reconnaissance, mon cher Garneray, partons. »

Le signor gobernador, après nous avoir promenés assez longtemps entre d'étroits sentiers bordés de haies vives, de cocotiers et de murs en terre, s'arrêta enfin devant un vaste enclos dans lequel plusieurs gros dogues erraient en liberté.

« Entrez sans crainte, nous dit-il en passant devant nous. Ces chiens ne vous attaqueront pas en vous voyant avec moi. Ah! si vous étiez seuls, ce serait tout différent : ils vous dévoreraient avec autant de zèle que de plaisir.

— Si nous nous laissions faire, signor, lui dis-je; mais comme nous avons, le capitaine et moi, chacun sur nous une excellente paire de pistolets à deux coups, plus un poignard assez bien trempé, il est probable que vos dogues ne s'engraisseraient guère avec nos mollets.

— Ah! vous avez sur vous des armes! s'écria le Portugais. Mais savez-vous, Messieurs, que vous êtes en contravention avec les règlements de police?

— Voilà assez de paroles de perdues, interrompit sèchement le capitaine. Voyons plutôt votre marchandise. »

Il me parut, et je ne sais encore aujourd'hui si ma remarque était vraie, que l'official de la guarda, en apprenant que nous nous trouvions en état de défense, ne montrait plus le même empressement qu'auparavant à nous faire entrer dans le bazar où M. Liard devait trouver sa cargaison. Toutefois, après une légère hésitation, il se dirigea vers une grande paillotte toute délabrée qui se trouvait reléguée dans un des coins de l'enclos, souleva avec peine une espèce de volet formé de minces perches, qui fermait l'unique entrée de cette habitation isolée, puis, se retournant vers nous, nous invita à le suivre dans l'intérieur.

Nous fûmes un moment, après avoir franchi le seuil de la porte, sans pouvoir distinguer les objets qui nous entouraient; enfin, nos yeux s'habituant peu à peu aux épaisses ténèbres qui régnaient dans cet ignoble cloaque, nous nous trouvâmes au milieu d'une douzaine d'Africaines dont la plus jeune avait environ treize ans et la plus âgée dix-huit. Toutes ces esclaves allaitaient ou soignaient des enfants qui, en nous voyant entrer, se mirent à crier comme de beaux diables.

Rien ne saurait donner une idée du triste spectacle que nous avions devant les yeux : les Africaines, accroupies ou couchées, gisaient pêle-mêle par terre, sur des lambeaux pourris de vieilles nattes de jonc, et n'avaient pour toute toilette que de misérables haillons.

Quant à l'ameublement de la paillotte, il était des plus simples : il consistait en une grande marmite, quelques plats en terre, des tasses de coco et une douzaine de calebasses.

Le mur du fond était recouvert par un immense paillasson qui le cachait en entier.

L'entrée et la présence du signor official de la guarda me parut produire sur les Africaines une impression pénible; elles se levèrent aussitôt, le saluèrent avec embarras, et restèrent devant lui, droites, immobiles et les yeux baissés.

Quant à M. Liard, poursuivi par son idée fixe de conclure un bon marché, il ne s'occupait que des esclaves; il les regardait les unes après les autres avec une attention de maquignon marchandant des chevaux.

« Ces femmes ne sont pas trop avariées, je l'avoue, dit-il enfin à l'official de la guarda, qui, les lèvres pincées, le regard incertain et distrait, semblait, préoccupé par une idée fixe, n'apporter que fort peu d'attention au marché qu'il devait traiter. Ces femmes ne sont pas trop avariées; mais que voulez-vous que je fasse de douze pièces seulement? Remarquez en outre qu'en les embarquant à présent, c'est-à-dire lorsque tout mon chargement me reste à compléter, le risque que je cours en les exposant à une longue traversée est bien plus grand que si je me rendais directement à Bourbon. Toutefois, si vous voulez me les céder à vil prix, je consentirai peut-être à vous en débarrasser. »

A cette offre, exprimée par le capitaine Liard en ce langage, et, pour être plus exact, en ce patois mélangé d'italien, de portugais et d'arabe qui est compris par tout le monde sur le littoral de la mer des Indes, je remarquai que les Africaines, loin de paraître effrayées du nouvel esclavage qu'on voulait leur imposer, regardèrent, au contraire, M. Liard avec des yeux dans lesquels se lisait clairement tout le plaisir et l'espérance que leur causait sa proposition.

« Je vois que toutes ces Africaines ont des enfants, répondit M. Liard; pourquoi ne me proposeriez-vous pas aussi leurs maris?

— Leurs maris! répéta en ricanant et avec une singulière inflexion de voix le Portugais, je les ai vendus, il y a quelque temps, au dernier négrier qui a visité Oïve.

— Eh bien! alors, pourquoi m'avez-vous dérangé pour me conduire ici? demanda le capitaine en commençant à perdre d'autant plus patience, que déjà souvent, je l'ai dit, il avait été victime de nombreuses mystifications de la part des courtiers.

— Pour voir si quelques-uns des enfants de ces Africaines peuvent vous convenir; il y en a trois ou quatre en âge d'être embarqués.

— Ce n'était guère la peine de me déranger! Enfin,

puisque me voilà, n'importe : voyons ces enfants. »

Pendant que M. Liard se livrait à ce nouvel examen, il me parut entendre comme un murmure de voix venant de derrière le paillasson qui recouvrait, — le lecteur doit se le rappeler, — le mur du fond de la paillotte.

Peu confiant dans la loyauté de l'official de la guarda et flairant une trahison de sa part, je soulevai doucement le paillasson pour voir d'où venait ce murmure de voix, j'aperçus cinq ou six Portugais déguenillés et armés de couteaux qui, accroupis par terre, et les yeux tournés dans notre direction, semblaient causer entre eux avec animation. Cette découverte, on le conçoit, n'était guère faite pour me rassurer.

M'avançant aussitôt vers l'officier :

« Signor, lui dis-je en portant la main à la poche de mon large pantalon comme pour y chercher une arme, signor, auriez-vous l'extrême obligeance de renvoyer les braillards qui se trouvent dans la paillotte voisine, et dont le bavardage m'agace étrangement les nerfs ? »

Le Portugais, en remarquant mon geste, avait pâli.

« Avec grand plaisir, signor, me répondit-il en accompagnant ses paroles d'un sourire qu'il essaya de rendre gracieux ; au reste, ces gens-là sont mes soldats, qui... qui m'attendent.

— Ne peuvent-ils pas tout aussi bien vous attendre dans la rue qu'ici ?

— Certainement ! je vais les congédier. »

L'officier, écartant le paillasson qui masquait l'entrée de la seconde paillotte, ordonna aussitôt aux cinq ou six Portugais déguenillés de sortir ; ceux-ci obéirent d'assez mauvaise grâce.

« Eh bien, capitaine, demandai-je à M. Liard, qui avait parfaitement compris la petite scène qui venait de se passer, avez-vous terminé vos achats?

— Ma foi, non, me répondit-il, et je renonce volontiers à cette affaire. Que voulez-vous que je fasse à bord de deux ou trois marmots?

— Alors allons-nous-en, capitaine, je vous en prie. La vue de ces pauvres femmes me fait mal. »

L'official, pendant que je causais en français avec le capitaine, semblait fort mal à son aise; du coin de l'œil il épiait l'expression de nos physionomies. Il ne put dissimuler un sourire de contentement qu'amena sur ses lèvres l'annonce de notre départ.

Les Africaines, en nous voyant nous éloigner sans conclure de marché, levèrent au ciel des yeux humides de reconnaissance et serrèrent avec amour leurs pauvres petits enfants contre leurs poitrines.

« Signor, dis-je à l'official en soulevant le paillasson du fond de la paillotte, ne pourrions-nous passer par ici? »

Le fait est que de me retrouver en présence des énormes dogues qui hurlaient dans l'enclos ne me souriait que fort médiocrement. Aussi, joignant l'action à la parole, je traversai rapidement la paillotte dans laquelle je venais d'entrer; le capitaine Liard s'empressa de me suivre.

Que l'on juge de notre étonnement lorsque nous aperçûmes en face de nous, en mettant le pied dans la rue, notre propre habitation; cependant l'official nous avait bien fait marcher pendant un bon quart d'heure pour nous conduire à son ignoble bazar; évidemment il nous avait tendu un guet-apens.

Ce qui me confirma encore dans cette opinion fut le sourire contraint, accompagné de protestations ridiculement exagérées d'amitié et de dévouement, qu'il nous adressa en nous quittant. Il promit aussi au capitaine, si celui-ci voulait retarder le départ de la *Doris* de cinq jours seulement, qu'il lui procurerait à vil prix, pour ainsi dire gratis, une cargaison d'ébène au grand complet.

M. Liard, après un moment d'hésitation très bien simulée, consentit à ce retard.

« Garneray, me dit-il dès que l'official nous eut quittés, cette canaille cherche à présent un moyen de prendre sa revanche ; nous mettrons à la voile demain au point du jour.

— Ma foi ! capitaine, je trouve que c'est là ce que nous avons de mieux à faire. »

Le 24 janvier, après avoir remonté le canal de Mozambique du sud au nord en longeant la côte orientale d'Afrique, nous nous trouvâmes en vue de l'île de Zanzibar. Cela me causa d'autant plus de plaisir que mon aversion pour la vie de négrier, depuis que je l'avais vue de près, n'avait fait naturellement qu'augmenter.

La journée du 24 janvier fut fort belle ; la brise nous était favorable, et pas un nuage ne tachait l'azur du ciel ; toutefois, vers les sept heures du soir, le sommet des montagnes du continent se cacha sous des masses de vapeurs jaunâtres de mauvais augure, et l'horizon, dans la direction de l'ouest, prit une teinte d'un brun violet qui nous donna à réfléchir.

Enfin un petit nuage apparaît à l'horizon et monte contre la brise du large en grossissant avec une telle rapidité, qu'au bout de quelques minutes il remplit l'immensité du ciel. Bientôt son centre se colore d'une teinte charbonnée, son sommet et ses bords présentent l'image effrayante et pleine de vérité d'une masse de rochers sillonnée d'énormes ravins et de profondes excavations suspendue sur nos têtes.

Des éclairs ardents et éblouissants frangent ses bords des lueurs les plus vives et les plus éclatantes sans pouvoir parvenir cependant à éclairer son centre compact et épais; plusieurs nuages orageux errants dans l'espace se heurtent et se rencontrent avec d'incroyables éclats : on dirait une bataille de géants.

Une fois parvenu au zénith, l'orage se décompose et perd de son unité. De larges crevasses, produites par la vibration du tonnerre, sillonnent les nuages et nous permettent d'apercevoir de temps en temps le disque de la lune rouge comme du sang.

Les foudres diverses qui vont s'éteindre en sifflant dans la mer écumante laissent sur différents points de la *Doris* des traces de leur passage; des lueurs phosphoriques dansent sur les cordages, les vergues, en haut des mâts de notre brick.

L'équipage, accablé par l'influence de l'électricité, suffoqué presque par le gaz sulfureux qui a remplacé l'oxygène de l'atmosphère, a toutes les peines possibles à carguer les voiles; le petit foc seul, pour que nous nous trouvions en mesure de parer à tout événement, est laissé sur sa drisse.

Comme personne de ceux qui se trouvent à bord de la *Doris*, depuis le capitaine jusqu'à Fignolet, n'a encore été témoin d'un tel phénomène, nous sommes tous en proie à une profonde impression de crainte et de découragement; il n'y a que François Combaleau qui ait le courage de plaisanter sur les *feux de Bengale*.

Tout à coup un bruit épouvantable, qui éclate du côté de bâbord, augmente nos alarmes ; presque au même instant une colonne d'air ou d'électricité se précipite sur l'embelle de la *Doris*, qu'elle plonge du côté de tribord dans la mer jusqu'aux écoutilles. Un seul cri retentit sur notre brick; nous nous croyons à notre dernière heure.

Le choc éprouvé par notre navire a été si violent qu'il a enlevé les huniers; mais la misaine, suspendue sur ses cargues, résiste; tout fut désarrimé à bord. Heureusement pour nous le petit foc, je l'ai déjà dit, était resté établi; la résistance qu'oppose cette menue voile empêche seule peut-être le navire de sombrer en le faisant abattre vent arrière. Malheureusement notre paratonnerre est brisé, et le fluide, qui jusqu'alors s'était, pour ainsi dire, concentré sur lui, s'éparpille de tous côtés; la mâture, les agrès, le gaillard d'avant, s'illuminent de flammes fantastiques qui, activées par un vent furieux, enveloppent bientôt la *Doris* dans un réseau de feu.

L'instinct de la conservation parlant en nos cœurs plus haut encore que la crainte, nous puisons avec une activité fébrile de l'eau de mer, et nous combattons pied à pied l'invasion de la flamme, qui se serait bien éteinte toute seule sans nous embraser; mais nous croyons sauver le navire de l'incendie.

Enfin, dans mon imagination, nous touchions au salut. Déjà on entrevoyait, grâce à une éclaircie dans le ciel, la masse noire du gréement de la *Doris* se balancer dans les airs; notre brick, redressé, glissait avec légèreté du sommet des vagues dans les profondeurs de leurs abîmes, et l'équipage, ranimé par la fraîcheur de l'air, s'occupait avec ardeur à sauver les précieux débris des huniers épargnés par la trombe, lorsque tout à coup, à travers le sifflement des cordages, retentit un cri qui nous glace d'effroi, un cri que jamais marin n'a entendu sans éprouver un douloureux serrement de cœur :

« Un homme à la mer ! »

A cette sinistre annonce tous les travaux sont suspendus : on jette précipitamment par-dessus bord la bouée de sauvetage, des cages à poules, tous les objets insubmersibles que l'on trouve sous sa main. La barre, subitement mise dessous, produit l'effet désiré : le navire vient en travers, seulement la mer nous couvre d'un bout à l'autre, et le gaillard d'avant disparaît par moments tout entier sous la vague; qu'importe ! il faut sauver notre compagnon !

Les personnes qui ne connaissent que superficiellement les mœurs des matelots se feraient difficilement une idée du dévouement qu'excite toujours le sauvetage d'un homme. Quel que soit l'état du temps, que la tempête rugisse ou que la foudre tombe, rien n'arrête le marin dans l'accomplissement de ce devoir sacré.

A ce cri : « Un homme à la mer ! » tout le monde, abandonnant le travail des voiles, s'est précipité sur le gaillard d'arrière pour aider à mettre à l'eau le canot suspendu en portemanteau. Le malheureux dont chacun déplore le sort, et que chacun est disposé à sauver au prix de sa propre vie, est le Rochelais Prendtout.

« Oui, mes amis, vite le canot à la mer! s'écrie le capitaine Liard; mais que personne n'embarque,... entendez-vous ? Je le défends ! Silence, et pas de réflexions ! Ne comprenez-vous pas que le canot chargé de monde ne pourrait résister un moment à la violence de la tempête ? Affalez-le avec deux fanaux allumés seulement !... Courage, j'aperçois Prendtout... Il nage bien; il atteindra, guidé par ce signal, l'embarcation... Dans un quart d'heure la tombée du vent, qui suit toujours les grandes bourrasques, aura lieu, et nous irons alors avec l'autre canot et le navire au secours du Rochelais. »

Les matelots sont tellement convaincus qu'en toute circonstance, et quel que soit l'état des éléments, il y va de leur honneur présent et de leur bonheur futur de tout tenter pour repêcher un homme à la mer, que le capitaine, quoique la raison fût, certes, cent fois de son côté, eut toutes les peines du monde à les arrêter dans leur élan irréfléchi.

Enfin le canot s'affale à l'eau; mais, roulé aussitôt dans l'arceau d'un énorme ressac, il s'emplit d'eau, et l'un des deux fanaux s'éteint.

« Eh bien ! dit le capitaine en s'adressant aux matelots, avais-je tort? Si vous étiez dans le canot, croyez-vous que votre poids ne l'eût point fait emplir tout de suite ? Au lieu d'une victime j'en aurais quatre maintenant à secourir. »

Nous assistions en ce moment à un bien triste spectacle; le vent se calmait, il est vrai, comme l'avait prédit le capitaine ; mais ce calme relatif n'en constituait pas moins une violente tempête. Une obscurité profonde, qui ne nous permettait de nous reconnaître qu'à la voix, quelque rapprochés que nous fussions, avait succédé à l'embrasement de l'atmosphère, et le navire, prêtant le flanc à la lame, retentissait toujours sous les coups sourds et redoublés qui frappaient sa carène; nous étions loin encore d'être hors de péril.

Cependant, je puis le dire, malgré le danger de notre position, toute notre attention se concentrait uniquement sur le fanal allumé que nous apercevions suivant le mouvement de la vague, et vers lequel, nous l'espérions au moins, notre pauvre camarade devait diriger ses efforts.

Nous nous figurions le malheureux, atteignant enfin le canot, ne pouvoir plus, ses forces étant épuisées, réussir à s'y embarquer. Mes oreilles, avidement tendues au bruit de la tempête, croyaient saisir dans chaque bouffée de vent le dernier cri d'adieu du malheureux Prendtout.

Enfin, après avoir placé un homme en vigie pour surveiller le fanal, l'équipage reprit ses travaux; on orienta provisoirement la misaine et la grande voile, et on se remit à serrer silencieusement et à tâtons les restes des huniers. La bordée que nous courions alors nous éloignait du lieu du sinistre; lorsque nous n'apercevions presque plus le fanal, nous virions de bord pour aller à sa rencontre. Le navire, réduit presque à l'état de cape par la perte de ses voiles, cheminait très lentement.

Enfin l'ouragan se calma comme il s'était déclaré, presque subitement. Nous nous empressâmes d'orienter tant bien que mal les perroquets pour remplacer les huniers, et nous gouvernâmes de manière à pouvoir rencontrer et aborder le canot d'aussi près que possible. Cette manœuvre, c'est une justice que je me plais à rendre au capitaine Liard, fut calculée et exécutée avec tant de précision, qu'en moins de vingt minutes nous distinguâmes, comme un point noir à notre avant, le canot surmonté du fanal, qui projetait encore quelques lueurs mourantes.

Cette apparition, tout en nous causant une joie profonde, ne calma cependant pas entièrement notre anxiété, car qui nous assurait que l'infortuné Prendtout avait pu atteindre l'embarcation? Et même encore, en supposant qu'il y fût parvenu, pouvions-nous espérer qu'il eût résisté à la mer furieuse et à la fatigue?

Nos regards étaient donc fixés avec anxiété vers le canot, qui devenait de plus en plus visible pour nous, lorsqu'un cri simultané s'échappa de nos poitrines :

« Le voilà!... c'est lui!... »

En effet, le pauvre Rochelais, agenouillé au milieu de l'embarcation et tendant les bras vers nous, remerciait Dieu de l'avoir sauvé.

Ah! je suis sûr qu'en ce moment plus d'une larme douce et furtive glissa le long des joues bronzées de nos négriers.

Quelques minutes plus tard, la *Doris* accostait le naufragé de très près et envoyait un canot pour le recueillir.

Il me serait impossible de décrire les soins et les empressements qui furent prodigués à Prendtout quand il mit le pied sur le pont. Nos rudes marins trouvèrent pour lui des prévenances de femme et des attentions de sœur de Charité. C'est que le marin est si fier et si heureux quand il arrache à la mer, son impitoyable et constante ennemie, une de ses victimes!

« C'est étonnant tout de même que nous ayons eu le bonheur de sauver ce cher Prendtout, n'est-ce pas, lieutenant? me dit Combaleau.

— Étonnant? non; mais heureux, oui, lui répondis-je.

— Non, lieutenant, je ne me trompe pas, c'est bien étonnant que je veux dire. Oubliez-vous donc que nous sommes partis un vendredi ?

— Le fait est, Combaleau, que depuis notre départ voilà déjà le second accident qui nous arrive.

— Oui, Chastenay, la tempête, nos avaries et le bain de Prendtout. Cela n'est que le commencement du commencement... Suffit... On sait que Combaleau est un brave garçon, qui rit au nez du guignon et qui ne boude pas plus qu'un autre qui ne boude pas du tout...; j'ai pas peur...; mais vous verrez, lieutenant, vous verrez... »

Le lendemain matin, c'est-à-dire vingt-quatre jours après notre départ de Bourbon et quarante-huit heures après notre appareillage d'Oïve, la *Doris* laissait tomber son ancre au milieu d'un nombre assez considérable de navires appartenant aux différentes tribus musulmanes du nord-est de l'Afrique, devant le riche comptoir de la ville de Zanzibar, située sur l'île de ce nom.

Zanzibar est la colonie principale de l'iman de Mascate, dont j'ai parlé à propos de mon voyage à bord de la *Petite-Caroline,* et le point central du commerce et de la navigation entre le cap d'Ambre et la mer Rouge.

Lorsque nous arrivâmes, une grande activité commerciale régnait sur la place : le marché étant abondamment fourni d'ébène, le prix de cette marchandise ne s'éleva pas au delà d'un taux très modéré. Le capitaine Liard devait être dans la joie de son âme, car il pouvait facilement y compléter une belle cargaison en quelques semaines.

Quand je dis que le capitaine devait être dans la joie de son âme, c'est une manière de parler, par la raison que le jour même de mon arrivée à terre je lui déclarai que je comptais rester à Zanzibar et le quittai assez froidement. M. Liard me fit, ce qui m'étonna de sa part, de fort belles et avantageuses propositions si je voulais consentir à rester avec lui comme lieutenant ; mon aversion pour la traite n'ayant pas diminué depuis mon séjour à Oïve, loin de là même, je refusai et m'en fus à mes affaires. Ici m'attendait une cruelle désillusion.

L'homme chargé de mes pouvoirs pour opérer le recouvrement des sommes qui m'étaient dues à Zanzibar, un juif, que j'avais cru jusqu'alors un chrétien, avait bien pendant mon absence touché le montant de mes créances, et cela avec beaucoup de zèle même, seulement il avait jugé ensuite à propos de s'enfuir sans laisser son adresse.

Que l'on juge de ma position : je n'avais pour toute fortune que le reste de cette faible somme de quarante piastres à peu près que j'avais emportée de Bourbon, et que mon séjour à Oïve, loin d'arrondir, puisque je n'avais pas voulu accepter d'appointements, avait quelque peu diminué.

En outre, le port de Zanzibar ne renfermait aucun navire européen sur lequel il me fût permis de m'embarquer, même en qualité de simple matelot.

Un hasard, je n'ose dire heureux en songeant aux suites désastreuses de notre voyage, me dispensa de l'humiliation et de l'ennui de faire des avances au capitaine. Ayant rencontré le soir même de notre arrivée M. Liard sur le port, celui-ci, malgré la façon un peu froide dont j'avais pris congé de lui, accourut à ma rencontre et m'invita à aller prendre le café, ce que j'acceptai sans trop me faire prier.

A peine étions-nous attablés vis-à-vis l'un de l'autre, qu'il recommença à vouloir m'endoctriner pour me faire accepter la place de lieutenant à bord de la *Doris*. Il débuta d'abord par s'étendre sur les bénéfices certains que je devais retirer de ce voyage de traite; mais l'interrompant bientôt :

« Capitaine, lui dis-je, permettez-moi de vous répéter une dernière fois pour toutes que jamais je ne serai négrier. Voici tout ce que je puis faire pour vous : je remplirai, sans en avoir le titre et sans être porté sur les rôles de l'équipage, les fonctions de lieutenant jusqu'à la fin de votre voyage, renonçant à la haute paye et à tous les avantages attachés à la navigation de la traite; une fois rendu à Bourbon, vos armateurs, selon le compte que vous leur rendrez de mes services, m'indemniseront de la perte de mon temps ; rien de plus. Si ces conditions vous conviennent, parlez, je me rembarque ce soir. »

Mon ultimatum était trop modéré, puisque j'exigeais moins de solde comme lieutenant que n'en touchaient nos simples matelots, pour déplaire au capitaine ; aussi s'empressa-t-il de l'accepter. Je repris dès le soir même ma cabine à bord.

II

Le navire négrier se manifeste. — Comment s'achètent et s'embarquent les noirs. — Juges et justice. — Service du bord. — Horrible confidence. — Premier départ. — Événements fâcheux mêlés de farces. — — Départ définitif.

Le lendemain de notre arrivée à Zanzibar, c'est-à-dire le 27 janvier, on commença à faire sans perdre de temps les préparatifs nécessaires pour recevoir deux cent cinquante esclaves.

Avant toute autre chose, le charpentier s'occupa à monter le faux-pont; ce local avait quatre pieds et demi de haut, et s'étendait depuis le magasin aux vivres, situé en avant de la chambre, jusqu'à la proue; on le divisa de l'avant à l'arrière en trois compartiments longitudinaux. Celui du milieu, large de cinq pieds huit pouces, fut destiné à contenir les nègres d'une haute stature; les deux autres, rétrécis à leurs extrémités par les façons du navire, devaient renfermer les noirs d'une taille moins développée. Les planches de division de ce faux-pont, soutenues de distance en distance par de massives barres transversales appuyées de chaque bout sur le flanc du navire, étaient d'une solidité à supporter, et même au delà, le poids des noirs pendant les plus forts roulis.

Le tonnelier Boubert se mit en devoir de confectionner les baquets et les gamelles destinés à contenir les aliments des captifs et à remonter les pièces à eau.

De leur côté, les matelots ne perdaient pas une minute de leur temps ; ils réparaient les voiles et installaient le charnier à eau, ainsi que la marmite destinée à la cuisson des aliments des esclaves.

Après un travail de huit jours, la *Doris* n'était plus reconnaissable. Entièrement peinte en noir, ensevelie sous son énorme *tot,* défendue par sa rambade, et portant douze canons, dont deux seulement étaient véritables, elle était devenue au dedans et au dehors une forteresse capable de résister aux ennemis de l'intérieur et de l'extérieur; elle présentait donc une apparence de force assez imposante à nos noirs et à nos assaillants de terre. Il me serait impossible de rendre l'impression de profonde tristesse que causait la vue de notre navire une fois que tous ces préparatifs furent terminés.

Pendant que ces travaux se poursuivaient avec activité, le capitaine, logé à terre, discutait avec le gouverneur de Zanzibar les droits à payer pour l'acquisition de chaque captif. Ce gouverneur, un très joli garçon nommé Yacout, ancien favori de l'iman de Mascate, avait un point de ressemblance avec l'illustre ministre de l'empereur Justinien, Narsès; au reste, à ce malheur commun s'arrêtait toute comparaison entre ces deux hommes d'État. Yacout donc, à défaut d'autres plaisirs qui pussent le distraire, avait reporté tout son amour et tous ses désirs sur l'or ; il était d'une rapacité incroyable. Rien n'était plus curieux que d'assister à une entrevue du gouverneur et du capitaine Liard : Molière était dépassé.

Enfin, après bien des pourparlers inutiles, un règlement définitif eut lieu ; il fut convenu que le gouverneur recevrait comme pot-de-vin une somme de cinq cents piastres (soit environ deux mille six cents francs) en sus des droits ordinaires de l'embarquement, montant à vingt-deux francs par tête d'esclave.

Cette transaction convenue, le capitaine se mit en quête de courtiers, ce qui lui prit encore assez de temps et lui causa beaucoup de tracas, non pas que ces honteux et ignobles entremetteurs manquassent à Zanzibar, au contraire ; c'était justement parce qu'ils s'y trouvaient en grand nombre que la difficulté devenait grande. En effet, le capitaine avait été averti que s'il oubliait d'employer un seul de ces hideux agents et qu'il se livrât à la contrebande, il pouvait être assuré que le courtier négligé s'empresserait de le dénoncer à l'autorité.

... Les lecteurs ont déjà pu lire dans des ouvrages maritimes la relation, un peu exagérée sans doute, mais vraie quant au fond, des affreux traitements dont les esclaves sont victimes tant de la part de leurs compatriotes que des négriers. Ces cruautés, que nous ne nous sentirions pas, au reste, le courage de retracer, car il y a des monstruosités que les convenances ordonnent de passer sous silence, ne se présentaient heureusement pas à Zanzibar.

A Zanzibar, il n'existe pas de vente à l'encan des Africains ; les habitants qui se défont de leurs esclaves n'obéissent guère qu'au besoin d'argent qu'ils éprouvent ; souvent aussi ils ne les livrent à la traite que parce qu'ils sont mécontents de leur service ou de leur caractère.

Les noirs de Zanzibar arrivent dans ce port par cargaisons entières, soit des îles environnantes, soit de la côte. Les équipages des navires qui servent à ce transport sont généralement peu nombreux, et se composent d'Arabes et d'Africains convertis à l'islamisme. Eh bien! malgré la proximité de leur terre natale, malgré le peu de surveillance que l'on exerce sur eux et la supériorité de leurs forces, il n'est pas d'exemple que des esclaves se soient jamais révoltés.

On se figure généralement en Europe que les noirs se font la guerre entre eux afin seulement d'échanger leurs prisonniers contre la poudre, les armes, les miroirs et l'arack que leur apportent les négriers, ce qui est une grossière erreur.

Les malheureux qui tombent dans l'esclavage n'y sont pas conduits par le sort des batailles; quelquefois, il est vrai, ce fait se présente; mais d'ordinaire ce sont mille causes diverses qui font perdre aux Africains leur liberté.

D'abord, — je parle toujours de la côte d'Afrique, — tout plaideur qui perd un procès contre son égal devient esclave, non de ce dernier, mais du roi. Aussi les petits monarques de la côte sont-ils sans cesse occupés à exciter, cela se conçoit aisément, leurs sujets à plaider les uns contre les autres. Le gagnant obtient ordinairement de son souverain une mesure de liqueur; quelquefois moins encore.

Le jeu conduit également à l'esclavage; on voit tous les jours deux adversaires jouer l'un contre l'autre leur liberté.

Un maître met son esclave pour enjeu et le perd; l'esclave prend la fuite; le maître est tenu alors de le remplacer par sa propre personne.

Ce que l'on croira peut-être difficilement, et ce que je n'aurais jamais accepté moi-même comme vérité si je n'avais été plusieurs fois le témoin de ce fait, c'est que le mari peut vendre sa femme et ses enfants quand bon lui semble; quant à la femme, elle ne peut se défaire que de ses enfants.

Si je me suis un peu étendu sur ces mœurs, c'est qu'elles sont, en Europe, généralement peu connues; je demanderai à présent la permission, pour compléter ces renseignements sur la traite, de décrire aussi rapidement que possible la manière dont les esclaves sont traités à bord d'un négrier.

D'abord, et avant tout, la salubrité du navire négrier étant aussi essentielle à la santé des captifs qu'à celle de l'équipage, les marins tournent toute leur attention vers cet objet.

Pour atteindre ce but, on lave à grande eau, chaque soir, le pont supérieur, immédiatement après qu'il est évacué par la traite. Le plancher ayant tout le temps nécessaire pour sécher pendant la nuit, on évite ainsi l'humidité pernicieuse d'un lavage du matin.

Les noirs séjournent sous le faux-pont depuis le soleil couchant jusqu'au soleil levant. Les écoutilles sont toujours tenues entièrement ouvertes, à moins que le mauvais état de la mer n'oblige impérieusement de les fermer; encore, dans ce dernier cas, ne le sont-elles jamais entièrement.

Les noirs que l'on achète, une fois passés en douane, sont amenés à bord au soleil couchant; ils reçoivent en arrivant, car ils sont ordinairement nus, un simple morceau de cotonnade.

Les hommes, à partir de vingt ans et au-dessus, sont accouplés deux à deux et mis aux fers ; une petite barre rivée à ses deux extrémités et garnie d'anneaux coulants sert à attacher leurs pieds. Au reste, après quelque temps d'un examen occulte, on exempte de cette position gênante ceux dont la conduite et les paroles ne respirent ni la vengeance ni la révolte.

J'ai déjà, plus haut, décrit l'emplacement qu'occupent à bord les logements des nègres ; quant aux négresses et aux enfants, ils couchent, au milieu de la grande chambre, entre les cabines de l'état-major. Une fois la traite au complet, on indique à chaque nègre la place qu'il doit occuper, pendant la nuit et durant toute la traversée, dans le faux-pont. Pendant le jour, on change les places des noirs quand ils sont sur le pont.

Les plus âgés, les plus vigoureux, ou ceux dont on redoute l'esprit d'insubordination, occupent l'avant du navire ; les plus jeunes se trouvent ainsi près de la rambade ; les enfants et les négresses sont tenus sur l'arrière parmi l'équipage.

Tous les matins, une demi-heure après le lever du soleil, on fait monter les esclaves quatre par quatre sur le pont, et on surveille leur toilette; ils sont tenus de se laver la figure et les mains dans des baquets remplis d'eau de mer et de se rincer ensuite la bouche avec du vinaigre, pour prévenir le scorbut. Cette opération terminée, on visite leurs fers, et on les envoie se ranger aux places qui leur sont désignées d'avance, et qu'ils doivent conserver toute la journée.

Le premier repas leur est servi à dix heures; il consiste, pour chaque individu, en six onces de riz, de millet ou de farine de maïs cuits à l'eau; on ajoute la plupart du temps à cette ration du sel, du sucre, de la viande ou du poisson salé, mais cela toujours en très petite quantité. Chaque gamelle contient des vivres pour six personnes.

Rien de triste et de curieux à la fois comme la distribution du déjeuner. Un peu avant que dix heures sonnent, les nègres, leurs yeux fixés avec avidité sur le guichet de la rambade qui sert à introduire les gamelles sur l'avant, semblent ne plus respirer; un silence solennel règne sur le pont; on entendrait la chute d'une feuille. Ces malheureux, excités plutôt encore par leur gloutonnerie naturelle que par la faim, oublient un moment et l'avenir de captivité qui les attend et les fers qui les enchaînent : ils vont manger ! Cette pensée absorbe toute leur imagination, toute leur intelligence.

Enfin dix heures sonnent; un murmure joyeux s'élève d'un bout à l'autre du navire. Aussitôt quelques hommes de l'équipage, aidés par les nègres adolescents, viennent se ranger de l'avant à l'arrière pour faire parvenir les gamelles jusqu'aux places les plus reculées. Sans cette précaution, pas une seule n'arriverait intacte à sa destination.

Il faut voir alors l'avidité avec laquelle les nègres se précipitent sur leurs rations; elle explique leur dégradation et leur esclavage.

Un coup de balai sur le pont suit immédiatement le repas; puis, tout étant remis en place et en ordre, on distribue à chacun les travaux de la journée.

La prudence exigeant que l'on occupe le plus possible les esclaves pour les distraire de leurs pensées de révolte, les uns sont chargés de faire de petits cordages ou de la tresse pour l'usage du bord; ceux-ci trient ou vannent les légumes et les froments destinés à leur nourriture journalière; ceux-là enfin grattent et nettoient avec des briques les planches du faux-pont qui leur servent de lit pendant la nuit.

Ces travaux terminés, des interprètes apprennent aux esclaves des chansons peu poétiques, ou leur racontent de merveilleux récits dont le but est de leur prouver qu'on ne les a rachetés qu'afin de les délivrer des mauvais traitements de leurs maîtres, et qu'une fois rendus dans les colonies, ils passeront une vie de délices.

Après ces contes, et lorsque les esclaves paraissent ne plus les écouter avec le même plaisir, viennent les tours de force et les jongleries qu'exécutent les plus adroits matelots. Les nègres, ne connaissant pas le dessous des cartes, acquièrent peu à peu cette opinion que nous leur sommes infiniment supérieurs sous le rapport de la force physique.

A quatre heures sonnant on leur sert un nouveau repas, semblable en tout point à celui du matin, qui est accueilli toujours avec la même joie vorace. Alors, si le temps est beau, les danses commencent; car, après manger, rien ne plaît davantage au nègre que de danser.

Les exercices chorégraphiques des Africains ne ressemblent en rien à nos danses d'Europe. Le nègre, lui, ne tient ni à la grâce ni à la science, ce qu'il lui faut, c'est de la force, de la souplesse, du délire.

L'orchestre se compose invariablement d'une calebasse ou d'un bambou vide, sur lequel résonnent des cordes, ou bien du tam-tam. Pendant que cette sauvage musique s'élève en notes discordantes vers le ciel, les assistants, réunis en rond, l'accompagnent en frappant dans leurs mains et en poussant, je n'ose dire des chants, mais des hurlements bizarres.

Enfin un nègre et une négresse, jeunes ordinairement tous les deux, sortent des rangs des spectateurs et se placent vis-à-vis l'un de l'autre.

Les deux danseurs se livrent d'abord à quelques contorsions insignifiantes qu'ils accompagnent de mouvements de tête, de bras, d'épaules et de grimaces grotesques; ceci n'est que le prélude, le lever, pour ainsi dire, du rideau.

Bientôt ils changent d'allures. Alors ce ne sont plus des créatures humaines, ils deviennent des tigres rugissants. Dire leur émotion furieuse, leur exaltation, leurs cris, me serait chose impossible.

Enfin, haletant, accablé, brisé par l'émotion et par la fatigue, le couple chorégraphique finit par tomber brutalement à terre, et d'autres danseurs le remplacent.

Au moment où le soleil va disparaître, on donne le signal de la retraite; seulement on a le soin, avant de réintégrer les nègres dans leurs logements, de les fouiller soigneusement afin de s'assurer qu'ils n'ont, pendant leur séjour sur le pont, dérobé aucun objet qui pourrait les aider à briser leurs fers.

La nuit venue et la toilette du navire terminée, l'équipage se retranche, ayant ses armes placées à sa portée, en arrière de la rambade. Après le souper, une moitié des matelots prend le quart et le garde jusqu'à minuit, heure à laquelle ceux qui ont été se reposer viennent les remplacer jusqu'à quatre heures du matin.

A six heures, tout le monde est réuni sur le pont et ne le quitte plus avant la nuit; car, dans cette pénible navigation de la traite, il n'existe de repos pour personne tant que le soleil brille à l'horizon.

Après un mois et demi de séjour à Zanzibar, la cargaison de la *Doris* se trouvait au complet. Elle se composait de deux cent cinquante noirs : cent étaient passés en douane, et cent cinquante avaient été embarqués clandestinement.

Je dois rapporter ici une singulière remarque que je fis pendant que l'on amenait les nègres à bord : c'est que ceux-ci, quoique déjà esclaves à Zanzibar, montraient un désespoir et une frayeur extrêmes lorsque leurs maîtres nous les livraient. Ils ne nous suivaient généralement qu'après avoir pris congé avec des hurlements et des sanglots de leurs camarades; on eût dit que nous les conduisions au supplice.

Un jour, à force de prévenances, de douceur et surtout d'arack, car je tenais à éclaircir le mystère de ce désespoir inexplicable, je parvins à faire parler un de nos noirs.

« Pourquoi donc, lui demandai-je en inclinant une bouteille d'eau-de-vie que je tenais à la main au-dessus de son verre, pourquoi éprouves-tu une telle douleur de quitter tes camarades? Les aimes-tu donc à un tel point que te séparer d'eux te semble une chose si cruelle ?

— Je n'aime personne, maître, me répondit le nègre, suivant d'un œil plein d'anxiété et de convoitise la courbe que décrivait le goulot de ma bouteille en s'inclinant sur son gobelet.

— Alors pourquoi ces hurlements et ces sanglots? repris-je. D'abord et avant tout je t'avertis d'une chose, c'est que si tu ne réponds pas franchement à ma question ou que tu essayes de me tromper, je ne te donnerai plus à boire... Parle maintenant. »

Le nègre hésita un moment; mais à la vue de ma bouteille, que je redressais, il s'empressa de prendre la parole :

« Maître, me dit-il, je suis triste parce que je sais que vous devez m'égorger.

— Es-tu fou? Qui a pu te raconter un semblable mensonge?... On a voulu se moquer de toi !

— Oh! je sais bien que cela est vrai, dit le noir en hochant la tête d'un air de doute à mes paroles; c'est mon maître Sidi-Ali qui m'a prévenu du sort qui m'attend.

— Réfléchis un peu, malheureux, et tu comprendras que nous ne dépenserions pas tant d'argent pour vous acheter, si notre intention était de vous tuer ensuite. Quel avantage retirerions-nous de notre barbarie?

— Celui de boire notre sang. Sidi-Ali m'a appris que cette boisson faisait vos délices. Oh! je sais bien que je ne puis l'échapper... »

J'eus beau faire tous mes efforts et m'épuiser en raisonnements pour retirer le nègre de sa stupide erreur, je ne pus y réussir, et j'en fus pour mes frais d'arack et de logique. Je reviens à mon récit.

Notre chargement étant au grand complet, il ne nous restait plus qu'à mettre à la voile; seulement, avant d'appareiller, nous devions subir la visite de rigueur que rend la douane à tous les négriers avant leur départ. Or, comme nous avions, je le répète, embarqué près de cent cinquante esclaves en contrebande, cette formalité ne laissait pas que de contrarier un peu le capitaine.

A la rigueur, il nous eût été possible, au moyen de certains changements dans la disposition intérieure du navire, de cacher pendant le temps que durerait la visite les cent cinquante Africains ; ils n'eussent peut-être pas été bien à leur aise, il est vrai, mais au moins, et cela était pour nous l'essentiel, ne les eût-on point découverts ; seulement nous pouvions être certains qu'en agissant ainsi nous serions dénoncés par les autres noirs. Or, une fois reconnus coupables, notre navire était confisqué, et nous arrêtés par une soldatesque insolente et cruelle. Nous nous trouvions dans une affreuse position.

Quant à payer les droits pour les cent cinquante noirs embarqués en contravention, M. Liard eût préféré se faire tuer sur place.

Le capitaine, quoique l'équipage n'éprouvât pas pour lui un profond amour, n'en comptait pas moins, et avec raison, sur son dévouement, et voici pourquoi : c'est que nos hommes se trouvaient tous intéressés à la réussite de l'expédition par leurs ports-permis [1].

Le soir du trente-neuvième jour depuis notre arrivée à Zanzibar, M. Liard nous réunit tous sur l'arrière du navire.

« Mes amis, nous dit-il, nous ne pouvons nous soumettre à la taxe exorbitante et ridicule de sortie que le gouverneur exige de nous, acquittons-nous donc

---

[1] On appelle port-permis le droit d'embarquer à bord et de faire nourrir aux frais de l'armement des noirs que l'on achète pour son compte. Sur la *Doris*, le capitaine avait douze ports-permis, le second six, le lieutenant trois, les maîtres deux et les matelots un.

avec les bagues du petit foc[1]. Notre position est délicate, l'entreprise que nous allons tenter difficile, et sa non-réussite nous exposerait aux plus épouvantables dangers. Calculons donc le mieux que nous pourrons les mesures à adopter pour notre escapade; le conseil est ouvert, j'attends vos avis.

— Mon avis, capitaine, dit le second, M. Boudin, est qu'il ne faut pas songer à opérer notre fuite ce soir même.

— M. Boudin a raison, capitaine, s'écria tout d'une voix l'équipage; remettons la partie à demain.

— Soit, reprit M. Liard, à demain; mais, puisque nous voilà réunis, convenons tout de suite de nos faits et gestes, car notre escapade ne présente pas de minces difficultés. D'abord nous ne pouvons appareiller du mouillage même, par la raison que le déploiement de nos voiles et le bruit de la manœuvre nous feraient remarquer par les vaisseaux qui nous entourent; mon avis, à moi, c'est que, sous prétexte d'installer une palangre[2], nous allongions demain une immense touée[3] qui s'étende depuis le navire jusque bien en dehors de la partie nord de la ville.

— Bravo, capitaine! s'écria le matelot François en interrompant M. Liard. Vous avez mis le doigt sur la malice... Faut pas chercher autre chose, impossible de trouver mieux!... »

En effet, nous tombâmes tous d'accord sur la sagesse

---

[1] Cette expression signifie s'en aller sans payer.

[2] Appareil de pêche consistant en un grand cordage sur lequel on amarre des lignes garnies d'hameçons, et que l'on coule au fond de l'eau.

[3] Cordage attaché à une ancre ou à tout autre objet de résistance et sur lequel on hale le navire pour le faire changer de place sans avoir besoin de recourir aux voiles.

de cette manœuvre, et il fut convenu à l'unanimité qu'on la mettrait à exécution le lendemain.

Le jour suivant, on allongea la touée; puis, la nuit venue, vers les onze heures du soir, on commença à haler la *Doris* en observant le plus grand silence. Une fois que le navire fut parvenu en dehors de la partie nord de la ville, c'est-à-dire à un point isolé des habitations et à l'abri de la surveillance des sentinelles, nous livrâmes successivement toutes nos voiles à la brise de terre, qui par bonheur était assez vive.

Bientôt, nos voiles orientées et favorisées par le vent, nous voguâmes, pleins d'espoir, en adressant un éternel et ironique adieu à la ville et surtout à la douane de Zanzibar.

Quant à nos gardiens arabes, saturés d'arack, — nous avions laissé ce soir-là toute notre cave à leur disposition, — ils dormaient, ainsi que l'indiquaient leurs ronflements sonores, d'un sommeil profond et qui ne devait pas cesser de sitôt. M. Liard, dans la joie de son âme, adressait des reproches au rapace gouverneur de Zanzibar, Yacout, comme s'il l'eût tenu en sa puissance; notre heureuse réussite, la grande économie qu'elle lui causait, l'enivraient.

S'il est un proverbe vrai, c'est bien assurément celui qui conseille de « ne pas vendre la peau de l'ours avant de l'avoir tué »; car, vers minuit et demi, au moment où nous chantions tous victoire, la brise tomba tout à coup et fut remplacée par un calme plat et houleux tellement profond, que, notre brick ne pouvant résister au courant qui le drossait vers la ville, nous fûmes obligés de mouiller sous voiles à deux lieues au nord de la rade.

Notre intention, en quittant Zanzibar, était de déposer nos Arabes, de plus en plus plongés dans le sommeil, à l'extrémité septentrionale de l'île. Le contretemps qui venait de nous survenir eût dû nous faire abandonner notre résolution, car ces Arabes devenaient, comme otages, précieux pour nous.

Cependant M. Liard, après s'être concerté avec le second, M. Boudin, résolut, je n'ai jamais pu me rendre compte de cette fantaisie, de s'en débarrasser au plus vite.

Ma position mixte à bord de la *Doris*, car j'y étais considéré plutôt comme un aide que comme officier de traite, fut cause que le capitaine et le second ne daignèrent pas prendre mon avis et me consulter dans cette circonstance.

Que l'on juge de mon étonnement et de mon désappointement tout à la fois lorsque le capitaine m'ordonna de réveiller les douaniers arabes et de les faire descendre dans leur embarcation, qui traînait à la remorque de la *Doris !* Je lui objectai en vain qu'il commettait là une grande imprudence ; mes raisonnements ne furent pas écoutés.

« Votre imagination est trop vive, monsieur Garneray, se contenta-t-il de me répondre en souriant d'un air de profonde supériorité, vous voyez un danger là où il n'y en a pas même l'ombre. Réfléchissez donc, avant de vous alarmer ainsi, que, comme nous embarquons nos gardiens sans rames et sans voiles, leur canot, aidé seulement par la force du courant, mettra au moins trois heures pour atteindre la terre ; joignez à cela le temps qu'il leur faudra pour instruire l'autorité de leur mésaventure, et vous verrez qu'avant que l'on puisse arriver jusqu'à nous, nous aurons déjà gagné le large.

— Si le calme ne continue pas, capitaine...

— Bah! cela n'est pas à craindre; il faudra bien que la brise reprenne d'un côté ou d'un autre. »

Il n'y avait pas à répliquer, et je dus me conformer aux ordres du capitaine; je réveillai donc les douaniers arabes, et je leur ordonnai de descendre immédiatement dans leur embarcation.

Je ne pus, malgré ma mauvaise humeur, m'empêcher de rire du grotesque désespoir et du stupide étonnement que les pauvres diables éprouvèrent en apprenant notre escapade; ils nous jurèrent qu'il y allait pour eux de la tête, et nous prièrent naïvement, en nous promettant toute leur reconnaissance, de retourner en rade nous livrer aux autorités. Je n'ai pas besoin d'ajouter que nous accueillîmes fort mal cette ridicule demande.

Quelques minutes plus tard les Osmanlis, privés de leurs rames et jetés dans le canot, voguaient, entraînés par le courant, vers la rade; inutile de dire qu'ils s'éloignèrent de nous en nous accablant d'imprécations et en jurant que, si nous leur tombions entre les mains, ils nous égorgeraient tous au milieu des plus affreux supplices.

Il pouvait y avoir environ vingt minutes que nous avions embarqué les Arabes, lorsque nous entendîmes le tonnerre gronder dans le lointain. Ce bruit nous épouvanta plus que je ne puis dire, car nous savions que quand un orage éclate dans ces parages, le long de la côte, on peut regarder cela comme un indice certain de calme. Le capitaine commença, mais il était trop tard, à se repentir de sa précipitation et à maudire son imprudence. Au reste, chacun le blâmait... Il était alors environ deux heures du matin.

« Mes chers et bons amis, nous dit M. Liard, qui avait perdu toute son arrogance, que pensez-vous que nous devions faire maintenant pour nous tirer de cette mauvaise position ? »

Comme M. Boudin, homme implacable, ne répondait pas, et que moi, qui venais immédiatement après lui, je gardais le silence, ce fut François Combaleau qui prit la parole.

« M'est avis, capitaine, dit-il en mordillant sa chique, que si nous n'intimidons pas les Arabes, nous sommes perdus. Le mieux donc, c'est de leur faire peur... Voilà mon avis.

— Ton avis, lui répond doucement M. Liard, serait excellent s'il était praticable.

— Comment! praticable, capitaine! et pourquoi donc, sauf le respect que je dois à votre autorité, ne l'est-il pas ?

— De quelle façon veux-tu t'y prendre pour effrayer les Osmanlis ?

— C'est pas malin, capitaine! Nous avons du temps de reste, déguisons notre brick en trois-mâts de guerre avant que le jour se lève,

— Parbleu! François, tu as raison. Oui, déguisons le navire.

— Après tout, si ces canailles-là ont la bêtise de nous reconnaître, nous en serons quittes, capitaine, pour taper dessus, ça nous distraira. »

L'opinion émise par Combaleau ayant réuni l'unanimité des suffrages de l'équipage, nous nous occupâmes tout de suite à la métamorphose du navire. Nous commençâmes avant tout par orner le triste flanc noir de la *Doris* d'une ceinture jaune plaquée à grands coups de pinceau; ensuite nous allongeâmes ses mâts de perroquet de deux élégants bouts-dehors, la corne et le guy furent placés sur les plats-bords.

Nous guindâmes un troisième mât sur notre arrière; nous descendîmes le *tot* dans la cale; nous élevâmes, au moyen de faux pavois, les bastingages, et nous ouvrîmes les sabords. Enfin des canons en bois, ajoutés aux deux seules véritables caronades que nous possédions, nous complétèrent une batterie de six pièces à tribord; pour dernière précaution, nous bordâmes le navire d'une espèce de filet d'abordage.

Lorsque les premières lueurs de l'aube éclairèrent l'horizon, la *Doris* offrait à s'y méprendre, l'aspect martial d'une corvette montrant douze bouches à feu.

Quoique préparés à tout événement, à la résistance comme à l'appareillage, nous n'en examinions pas moins pour cela avec anxiété l'état du ciel. Aucun indice de vent ne s'y remarquait, et rien ne pouvait nous donner à supposer que le calme dût bientôt cesser.

A la naissance du jour, nous aperçûmes quelques barques, montées par de paisibles indigènes, qui se laissaient nonchalamment dériver au courant vers la ville: d'autres, au contraire, qui s'efforçaient de refouler la marée à grands coups de pagaie; mais de nos douaniers aucune trace. Le port semblait aussi plongé dans le plus profond repos, et rien ne nous donnait à supposer que l'on s'y occupât de préparatifs de poursuite contre nous.

Avions-nous été trahis par nos courtiers? nos douaniers avaient-ils donné l'éveil sur notre fuite? se doutait-on à Zanzibar de notre travestissement? Nous ne savions que supposer, que croire.

Lorsque le soleil, au quart de sa course, après avoir épuré l'atmosphère du brouillard intense qui enveloppait le rivage, permit aux objets de se montrer plus distincts, Prendtout et Ducasse, placés en vigie, nous crièrent qu'une flottille d'embarcations, se dégageant avec vitesse d'entre les navires de la rade, orientait sur nous.

A cette nouvelle, à laquelle nous nous attendions, et qui ne nous en causa pas moins une vive émotion, nous nous précipitâmes, pour nous assurer de sa véracité, sur les barres de perroquet. Hélas! il n'était que trop certain que le gouverneur Yacout s'occupait de nous; seulement la flottille annoncée se composait en tout de deux grands *daws* remplis de gens armés faisant force de rames vers la *Doris*.

Cet événement coupant court à toutes nos incertitudes, nous abandonnâmes nos conjectures pour nous occuper sérieusement de notre défense. Avant tout nous nous empressâmes de faire descendre, précaution indispensable, les esclaves dans l'entrepont; nous remarquâmes, avec autant de surprise que de déplaisir, que les Africains ne se conformèrent à cet ordre que de fort mauvaise grâce; leur attitude menaçante et leurs murmures, presque des clameurs, certaines paroles imprudentes qui révélaient clairement leurs intentions de révolte et de résistance, nous prouvèrent qu'ils étaient instruits du danger que nous courions, et que, pour obtenir leur délivrance, — ce qui, depuis qu'ils s'imaginaient que nous voulions boire leur sang, était devenu pour eux une idée fixe, — ils feraient tous leurs efforts pour aider nos ennemis dans leur attaque. Comme nos emménagements intérieurs n'étaient pas à l'abri d'un coup de main de la part d'un nombre aussi considérable d'hommes féroces et exaspérés, nous barricadâmes solidement les écoutilles. Toutefois nous gardâmes avec nous, pour nous aider à faire le service du bord, une douzaine de nègres qui nous paraissaient tout dévoués, et qui ne demandaient qu'à abandonner Zanzibar. Ces hommes devaient nous servir à augmenter, du moins pour l'apparence, la force de notre équipage, par trop restreint pour représenter celui d'une corvette.

Seulement il s'agissait, pour que leur présence sur le pont pût nous servir, de mettre ces Africains en harmonie avec le travestissement de la *Doris*. Malgré leurs craintes et leurs appréhensions, nos matelots procédèrent à ce déguisement avec autant de promptitude que de gaieté. Cinq minutes plus tard, nos fidèles nègres, barbouillés avec une mixture de farine, de sang de poulet et d'eau, affublés de perruques d'étoupe et habillés comme des matelots européens, présentaient de près le spectacle le plus stupidement grotesque et hideux que l'on puisse s'imaginer; vus de loin, ils devaient, comme décors, singer assez bien la nature. Ce travestissement opéré, malgré, je le répète, la gravité de notre position, au milieu des éclats de rire, nos matelots songèrent à leur toilette; elle ne fut pas, quoique fort compliquée, bien longue.

M. Liard revêtit son uniforme de lieutenant de vaisseau; le second, M. Boudin, simula assez adroitement, avec une chemise de laine rouge, un frac d'officier anglais ; cinq ou six grands chapeaux de paille, noircis à la hâte, tordus en forme de tricornes et surmontés de panaches de plumes de coq, abritèrent nos têtes et celles de Fleury et de Boubert; enfin l'étamine d'un pavillon fournit des ceintures à tout ce brillant état-major.

Pour mieux faire parade de notre monde et pour montrer davantage encore à l'ennemi que nous nous soucions fort peu de son approche, le capitaine fit serrer à la fois les perroquets, les cacatois et le clinfoc; toutefois il fit garder les voiles majeures sur leurs cargues et prêtes à être déployées au premier vent.

Pendant le temps que nous avait pris notre travestissement, les daws, malgré le courant, qui leur était contraire, avaient continué d'avancer avec rapidité et s'étaient de beaucoup rapprochés de nous. François Combaleau, ne s'en rapportant à personne d'un soin aussi important, s'occupait à charger lui-même nos deux caronades.

« Capitaine, dit-il en arrêtant M. Liard, qui passait près de lui, voici ces gredins qui sont à portée. Faut-il faire feu?

— Non, François ; je désire, si cela est possible, que l'agression vienne d'eux.

— C'est-à-dire, capitaine, que vous voulez, avant d'essayer de manger votre ennemi, que votre ennemi vous mange lui-même. M'est avis que si nous entamions franchement la danse, cela vaudrait mieux, car nous aurions le temps d'envoyer à ces farceurs-là une dizaine de bordées avant qu'ils nous accostent. Or il faudrait être bien maladroit ou avoir un fameux guignon pour ne pas pouvoir, sur vingt boulets, en flanquer quelques-uns dans leurs daws; soit dit sans malice et sans calembour, comme vous dites.

— Peut-être avez-vous raison, François. Avant tout commençons par assurer nos couleurs par un simple coup de canon chargé à poudre. Nous verrons après. »

Aussitôt le son aigu du sifflet se fait entendre sur la *Doris*, on hale sur l'embossure[1], et le navire, obéissant à la force de ce cordage, se place en travers de l'ennemi et lui montre sa fausse batterie. Le pavillon anglais monte à la corne, et François l'assure du coup de canon convenu.

Les daws, pour répondre à cette politesse, lèvent leurs rames et viennent en travers nous montrer leurs beaux pavillons rouges. Un moment nous espérons avoir trompé l'ennemi; mais, vain espoir! sa manœuvre était ironique. Les Arabes se croient maîtres de nous; bientôt les daws laissent retomber leurs avirons à la mer, et, redoublant d'efforts et de vitesse, s'acheminent de nouveau vers nous. Le combat est devenu inévitable.

L'action qui va s'engager est probablement une des moins sérieuses auxquelles j'aie encore assisté, et cependant j'éprouve une tristesse et une préoccupation profondes : c'est que, cette fois, si nous sommes vainqueurs, aucune gloire ne doit couronner notre triomphe, tandis que si le sort se déclare contre nous, nous devons nous attendre aux plus humiliants et aux plus cruels supplices : nous combattons pour une mauvaise cause.

« Tout cela semble vous ennuyer, lieutenant, me

---

[1] Cordage destiné à faire évoluer un navire à l'ancre.

dit Combaleau en me voyant passer près de lui. Au fait, c'est drôle, tout de même, de songer que nous nous battons pour éviter quelques frais de douane. Quant à moi, mon port-permis me donnant droit à l'embarquement d'un esclave, si l'on me casse la tête ou que l'on me pende, ce sera une économie de vingt-deux francs qui me vaudra ce désagrément. Enfin n'importe; à présent que le vin est tiré, il faut bien le boire.

— Que ces musulmans soient dupes ou non de notre stratagème, nous dit alors le capitaine, il est incontestable qu'ils veulent nous imposer une visite à main armée, ce qui serait notre perte. Allons, Combaleau, envoyez-leur un nouveau coup de canon d'avertissement. Pointez au-dessus de l'embarcation la plus avancée. »

A peine M. Liard a-t-il achevé de donner cet ordre, que la détonation de la caronade retentit. Le boulet passe en sifflant à quelques toises au-dessus du daw arabe et continue sa route en ricochant sur la surface de la mer.

Les Zanzibariens, pour toute réponse, appuient davantage sur leurs avirons.

« Capitaine, demande Combaleau, qui a déjà rechargé sa pièce, voulez-vous me permettre de tirer un peu plus bas ? »

Notre position est devenue par trop critique pour que l'on puisse garder plus longtemps des ménagements; un moment de faiblesse ou d'indécision de notre part, et nous sommes perdus ; c'est ce que le capitaine comprend à merveille.

« Oui, François, répondit-il, pointez sérieusement. »

Combaleau, le corps plié en deux, la tête appuyée contre la culasse de la caronade, reste pendant quelques secondes immobile comme une statue; toute son attention, toutes ses facultés sont concentrées dans le pointage.

« Ça y est ! » s'écria-t-il enfin, en mettant vivement le feu à l'amorce du canon.

Notre brave matelot ne s'est point vanté : à peine la fumée qui nous cache le daw s'est-elle dissipée, que nous apercevons son mât et sa voile qui, tombés sur son pont avec tout leur fardage, enveloppent les Arabes comme dans un filet. Quelques-uns d'entre eux, blessés par cette chute, d'autres furieux, et le plus grand nombre effrayés, poussent des cris qui témoignent de l'adresse de François, et qui nous comblent de joie.

« Et d'une ! dit tranquillement Combaleau en mordant sa chique d'un air satisfait.

— François, s'écrie M. Liard, qui, dans un mouvement d'enthousiasme et de joie, sort tout à fait de son caractère, je t'accorde un second port-permis ; si les armateurs de la *Doris* ne sanctionnent pas ma promesse, eh bien ! j'en prendrai l'exécution pour mon compte... A présent, occupe-toi du second daw.

— Merci, capitaine, répond le matelot. Si je suis massacré ou pendu, j'aurai au moins la consolation de pouvoir penser qu'au lieu de l'être pour vingt-deux faancs, je le serai pour quarante-quatre. »

Combaleau s'empressa alors de diriger sa caronade contre la seconde embarcation arabe, dont les hommes, brandissant leurs grands sabres et leurs yatagans, poussaient des hurlements et nous accablaient d'injures. Quant à la première barque, il n'en était plus question; toute désemparée et hors d'état de soutenir la mer, elle s'en allait en dérive au gré du courant.

Notre adroit et heureux artilleur, je ne dois pas omettre ce détail, avait, cette fois, chargé ses deux pièces de mitraille jusqu'à la gueule.

« Eh bien, François, dit le capitaine, qu'attends-tu pour tirer?

Toute son attention, toutes ses facultés sont concentrées dans le pointage.

— J'attends, capitaine... Tenez, voici justement ce que j'attends, répondit-il en montrant d'un geste de tête l'embarcation ennemie, qui, arrivée à portée de pistolet de la *Doris*, se mettait en travers pour nous envoyer une décharge de mousqueterie; je ne veux pas faire de jaloux, faut que chacun ait sa petite part. »

A peine François a-t-il achevé de prononcer ces paroles, que deux trombes de flammes et de fer tombent sur le daw, qu'elles enveloppent de fumée. Les Arabes, criblés par la mitraille, poussent des cris affreux. La plus extrême confusion règne à leur bord; ce ne sont partout que gémissements, râles et plaintes.

Cinq minutes plus tard, la barque ennemie, envahie par l'eau, regagnait précipitamment, pour ne point couler, la rade de Zanzibar; nous étions maîtres du champ de bataille.

Cette victoire facile, et qui ne nous avait pas coûté une seule goutte de sang, fut célébrée par une distribution de vin.

Pendant tout le reste de la journée nous restâmes sur le qui-vive; mais il paraît que les Arabes se tenaient pour satisfaits, car ils ne nous donnèrent plus signe de vie. Ce ne fut que le lendemain, vers la tombée de la nuit, que la brise se leva. Nous profitâmes, je n'ai pas besoin de le dire, avec empressement de cette circonstance pour mettre à la voile. Deux heures plus tard, l'obscurité et la distance ne nous permettaient plus d'apercevoir Zanzibar.

Nous déshabillâmes alors, si je puis m'exprimer ainsi, la *Doris* de son travestissement, et nous reprîmes notre aspect ordinaire. Les matelots déguisés en officiers, — triste chose que l'esprit humain ! — n'abandonnèrent leurs grotesques uniformes d'état-major qu'avec regret; mais le plus peiné de tous fut le novice Fignolet.

Fignolet, intrigant et ambitieux, s'était, dans notre

grande mascarade, affublé d'un costume de coq ou de cuisinier en chef, et il avait déjà, sa vanité aidant, pris si bien au sérieux ses prétendues fonctions, qu'une fois redevenu simple novice, il n'en conserva pas moins à tout jamais un air de gravité que nous ne lui avions jamais vu jusqu'alors.

III

Symptômes funestes. — Révolte. — Combat. — Meurtre. — Effets de la crainte et du désespoir. — Victoire complète. — Inhumation.

Pendant les quelques jours qui suivirent notre heureux départ de Zanzibar, aucun incident digne d'être rapporté ne signala notre navigation. Cependant, quoique tout semblât favoriser notre traversée et nous présager un prompt retour à Bourbon, nous n'étions pas sans inquiétude. Depuis notre combat avec la flotte du puissant gouverneur Yacout, nos nègres montraient un esprit d'insubordination qui nous donnait beaucoup à réfléchir et nous préoccupait vivement.

Nous avions beau nous ingénier à leur procurer des distractions, à leur être agréables, nos Africains, loin de nous savoir gré de nos attentions, prenaient vis-à-vis de nous une attitude de plus en plus rogue, presque hostile. Négligeant les menus travaux que nous leur confiions, distraits ou indifférents aux histoires que leur racontaient les interprètes, ne voulant plus se livrer à l'exercice de la danse, et répondant aux observations que nous leur adressions par des insolences, nos nègres, une fois sur le pont, ne sortaient de leur apathie que pour se livrer à des chuchotements furtifs et qui cessaient à notre approche.

Le 13 mars au matin, nous trouvant à environ trente lieues de la côte, la brise mollit presque jusqu'au calme plat. Quelques grains prirent naissance, presque à perte de vue, dans les différentes parties de l'atmosphère, et la *Doris* cessa de gouverner. Une sombre tristesse, — était-ce un pressentiment ? — semblait peser sur notre équipage.

Dix heures sonnèrent, et l'on servit le déjeuner. Chose étrange ! nos nègres, si gloutons, si affamés, si voraces jadis, ne mangeaient plus depuis quelque temps que du bout des dents, et comme si cela eût été une corvée pour eux.

Quatre de nos hommes, selon l'habitude, étaient, le matin du 13 mars, chargés de faire circuler les gamelles. A peine ces matelots, le jeune Fleury, Prendtout, Périn et Ducasse, furent-ils passés sur l'avant et eurent-ils refermé sur eux les portes de la rambade, qu'une clameur immense, horrible, semblable aux rugissements d'un troupeau de tigres, éclata au milieu du silence.

A cette déclaration de guerre, à ce prélude d'une révolte, — car le doute ne nous était malheureusement plus possible, — une émotion poignante nous serra le cœur, et nous comprîmes qu'un seul instant de faiblesse de notre part, et c'en était fait de nous.

Au reste, rien, je n'excepte pas même le feu, n'épouvante le négrier comme une révolte. Il sait que la lutte sera sanglante, sans pitié ni merci; mais ce n'est pas ce qui l'effraye.

Qu'il tombe le crâne fracassé, peu lui importe; ce n'est pas ce qu'il craint, car le marin est prêt chaque jour à la mort; mais ce qui glace son sang dans ses veines et fait perler une sueur froide sur son front, c'est l'idée que, s'il est vaincu et que son malheur le laisse vivant aux mains de ses ennemis, il aura à subir une agonie de tortures sans nom. Rien, en effet, n'égale la férocité que déploient les nègres victorieux envers les équipages qui tombent en leur pouvoir. Il n'est pas de raffinement de cruauté, de douleurs possibles qu'ils n'inventent et ne leur fassent subir.

Aussitôt après la clameur dont je viens de parler, nous entendons des cris : « Au secours! au secours! » Ce sont nos malheureux compagnons sur qui les nègres se sont précipités et qui, sans armes pour se défendre, implorent notre assistance. Mais comment parvenir jusqu'à eux? La plupart des Africains, qui se sont, nous ignorons comment, débarrassés de leurs fers, nous opposent une barrière que nous ne pouvons franchir; armés de tous les ustensiles qui leur sont tombés sous la main, tels que cavaillots, avirons, anspects, pelles à remuer le riz, bûches, etc. etc., ils se préparent à prendre l'offensive.

Quant à nous, placés de front sur la galerie de la rambade, nous avons beau jurer aux révoltés une extermination complète s'ils ne nous rendent pas nos hommes, et un pardon sincère s'ils veulent rentrer dans le devoir, ils ne nous écoutent pas. La masse hurlante, hideuse et écumante des nègres s'agite, se presse, s'augmente à chaque seconde; les plus jeunes d'entre eux, probablement d'après un plan concerté à l'avance, prêtent leur dos aux combattants pour leur servir d'échelle ; alors le flot des assaillants, élevé jusqu'à la hauteur de la galerie de la rambade, s'avance vers nous en présentant un front d'attaque formidable et serré, que soutient encore, en l'empêchant de reculer, un second rang.

Nous avons commis une grande faute : nous avons voulu parlementer, et nous n'avons pas agi. Il est impossible maintenant que nous puissions nous maintenir dans notre poste; nous sommes obligés de nous réfugier sur la dunette. Eh bien, même à présent, en battant en retraite, l'équipage ne se sert pas de ses armes et épargne le sang des ennemis. Ah! ce n'est pas la pitié, soyons justes, qui retient son bras; c'est la cupidité, c'est l'égoïsme. Ces hommes qui nous attaquent ne sont pas des hommes pour nous ; ce sont des bêtes de somme qui possèdent toutes une assez grande valeur : la vie du moindre d'entre eux vaut mille francs!

Une fois parvenus sur la dunette, notre premier soin fut, cela va sans dire, de retirer l'échelle qui servait à y monter.

« Capitaine, dit François, qui traîne après lui un sac de toile grossière, j'apporte les *pigeons*.

— Bien! mon brave François; jette-les au plus vite, inondes-en le pont!... »

Ce que l'on appelle pigeons, à bord des négriers, sont des espèces de clous à quatre pointes très aiguës et très tranchantes, dont une des extrémités se trouve toujours naturellement relevée. On concevra sans peine l'immense secours qu'apportent ces espèces d'armes aux négriers et l'excellent moyen de résistance qu'elles leur présentent. En effet, les esclaves, dont les pieds ne sont garantis par aucune chaussure, ne peuvent guère franchir ces dangereux obstacles. Ce fut au moins ce qui arriva cette fois.

A la vue de ces pointes redoutables dont le pont ne tarda pas à être hérissé, nos agresseurs, stupéfaits et épouvantés, car ils étaient loin de s'attendre à

Révolte des nègres.

cela, s'arrêtèrent au beau milieu de leur élan. Dans leur désappointement et dans leur fureur, ils redoublent leurs cris et nous jettent tous les objets dont ils se sont emparés ; gamelles, barres d'anspect, etc., tombent sur le tillac. Nous évitons autant que nous pouvons d'être atteints par ces projectiles, mais nous sommes loin de nous plaindre de cette agression, qui désarme nos imprudents ennemis; une fois que, pour se défendre, ils n'auront plus que leurs mains, nous en viendrons bien plus facilement à bout. Cependant les derniers rangs de la foule des esclaves, qui ne savent pourquoi les premiers ne montent pas à l'assaut, commencent à passer sur eux.

« Allons! mes amis, nous dit le capitaine avec un profond désespoir, la vie avant la fortune. Nous ne pouvons rester inactifs plus longtemps sans nous perdre..., faisons feu. Et quoique chacun de nos coups doive nous coûter mille francs peut-être, tirons en ajustant de notre mieux. »

Le capitaine nous a à peine donné cet ordre, que nos fusils et nos pistolets commencent leur œuvre de mort; chaque balle trouve un corps; le sang coule partout.

Un moment de stupeur suit notre première décharge; mais la rage qui anime les révoltés est si grande, qu'ils se remettent bientôt de leur effroi.

Les premiers rangs ennemis, poussés, je l'ai déjà dit, par la masse compacte qui rugit derrière eux, ne tardent pas à tomber, avec des cris et des hurlements de douleur, sur les nombreux et terribles pigeons qui encombrent le pont; les corps de leurs compagnons, étendus jusqu'à la dunette, servent de pont aux nouveaux combattants, qui peuvent, en marchant dessus, s'avancer jusqu'à nous sans être blessés par les pointes des pigeons.

Notre feu, dirigé à bout portant, est meurtrier, c'est vrai; mais cela nous demande trop de temps de recharger nos pistolets et nos fusils; nous les jetons donc de côté, et nous les remplaçons par l'arme blanche.

Nos grandes piques ne font que plonger dans les rangs des révoltés, dont elles ressortent teintes de sang; nos sabres s'abattent vingt fois en une demi-minute. C'est un carnage.

Parmi nous, les deux combattants les plus furieux sont le matelot Combaleau et, le croirait-on? le novice Fignolet. Combaleau n'a pour toute arme qu'une hache, et c'est lui qui jette le plus de victimes à ses pieds; je le trouve aussi beau que Surcouf à l'abordage du *Kent*. Emporté par son ardeur, je suis obligé plusieurs fois de le retenir au moment où il va se précipiter au milieu des nègres.

Quant à Fignolet, il est, certes, celui de tous les hommes de l'équipage qui a le plus pâli en entendant les Africains pousser leur premier cri de révolte; mais bientôt, je ne sais quelle réaction s'est opérée en lui, je l'ai vu rougir extrêmement.

« Qu'as-tu donc, Fignolet? lui ai-je demandé.

— J'ai, lieutenant, m'a-t-il répondu en s'emparant d'un sabre, que je suis humilié au possible en pensant que des moricauds que je pouvais gifler, hier tout à mon aise et à mon plaisir veulent se donner aujourd'hui le genre de nous mécaniser ! Canailles, va ! »

Depuis qu'il m'a fait cette réponse, Fignolet, devenu un rude combattant, n'a pas cessé de rester au poste le plus dangereux et de se battre comme un lion.

Il est certain que nos armes et notre position nous donnent un avantage immense sur nos ennemis; toutefois ceux-ci sont si nombreux, que le danger est toujours imminent pour nous; et puis comment pourrions-nous résister plus longtemps à la fatigue?

Hélas ! deux tristes événements semblent bientôt annoncer notre défaite. Le capitaine Liard, qui, je dois lui rendre cette justice, montre un grand courage et se conduit vaillamment, reçoit à la tête un violent coup de bouteille et tombe sanglant à nos pieds sur le devant de la dunette. Presque au même instant Combaleau, qui nous prête une si puissante aide, emporté par sa fougue, glisse sur le fronton et est saisi par les nègres, qui l'entraînent sur le pont.

Fignolet le premier, Fignolet, qui rugit et ne se connaît plus, s'élance à son secours et tombe au milieu des nègres. Quant à nous, ne pouvant ainsi laisser périr ces deux hommes, nous n'hésitons pas une seconde, nous nous abattons du haut de la dunette sur la foule des révoltés.

Alors ce ne sont plus les haches, les sabres ou les piques dont nous nous servons, nous prenons nos poignards. Pressés, meurtris, assaillis, étouffés par le flot sans cesse grossissant des nègres, nous nous frayons au milieu d'eux de sanglants espaces; insensibles à tout autre sentiment qu'à celui d'une fureur arrivée à son paroxysme, nous ne tenons plus à vaincre, nous ne songeons pas à la vengeance, nous ne voulons qu'une chose : tuer, et nous tuons, en accompagnant nos coups de hurlements dignes de bêtes fauves, tout être qui se présente à portée de notre bras.

N'importe, nous ne pouvons espérer sortir victorieux de cette lutte ; pour nous sauver il faudrait un miracle.

Accablés plutôt par la pression des nègres que par leurs attaques, nous perdions peu à peu la liberté de nos mouvements; à peine nous restait-il assez de place pour lever le bras et pour frapper, lorsque des cris de douleur et d'effroi poussés par les révoltés et suivis de la chute de ceux qui nous serraient de plus près vinrent ranimer notre ardeur et notre courage. Le miracle qui seul pouvait nous sauver avait eu lieu. Que l'on juge de notre étonnement et de notre joie, lorsque nous aperçûmes le jeune Fleury, Périn et Ducasso montés sur la dunette, et renversant du haut de ce poste, avec de longues piques, les Africains qui nous entouraient.

Ces trois matelots, le lecteur doit s'en souvenir, étaient ceux-là mêmes dont les Africains s'étaient emparés au commencement de la révolte, et que nous supposions avoir été massacrés.

Le moment n'était guère propre aux explications, nous les remîmes à plus tard; nous commençâmes d'abord par profiter de l'intervention et du secours providentiel qui nous arrivait.

L'épouvante des nègres en voyant apparaître ces nouveaux ennemis avait été telle, qu'ils reculèrent en désordre; nous nous hâtâmes de remonter sur la dunette : dès lors nous n'avions plus rien à craindre.

Ce renfort de trois hommes nous permit de reprendre l'usage de nos armes à feu. Tandis que la moitié de notre petite troupe tenait l'ennemi à distance avec nos grandes piques, le reste tirait sur lui à balles et à chevrotines. Le pont était, littéralement parlant, jonché de cadavres. Cependant les révoltés ne se rendaient pas.

« Mes amis, il faut en finir, dit le second du capitaine; changeons de rôles et devenons à notre tour agresseurs!... En avant! »

Nous tenant serrés les uns contre les autres, nous

nous précipitâmes alors sur le pont; les révoltés, effrayés, s'enfuirent, mais il était trop tard pour eux. Excités par le combat et animés d'une sauvage ardeur de vengeance, nos hommes ne se connaissaient plus; ils massacraient sans pitié tout être humain qui se présentait ou se trouvait à leur portée. Cette affreuse boucherie, c'est le mot, dura pendant près d'un quart d'heure.

Nous ne nous arrêtâmes dans cette sanglante répression que lorsque tous les révoltés eurent pris la fuite. Quant à ceux-ci, effrayés des châtiments auxquels ils s'attendaient, ils étaient passés de la plus extrême fureur au découragement le plus complet. Emprisonnés, pour ainsi dire, sur le gaillard d'arrière entre les plats-bords, la dunette et la rambade, ils faisaient tous leurs efforts pour se réfugier sur l'avant du navire; inutile d'ajouter que, loin de nous opposer à ce dessein, nous le favorisions. Fatigués de carnage, nous ne désirions plus que terminer cette épouvantable tragédie.

Hélas! nous n'avions pas su apprécier au juste la panique à laquelle ces malheureux étaient en proie, et notre tardive bienveillance devait leur être plus fatale encore que ne l'avait été notre fureur. Les misérables, frappés de l'idée des hideuses représailles qu'ils nous croyaient dans l'intention d'exercer envers eux, en proie à une panique sans nom, poussent des cris de bêtes fauves, et, escaladant en masse les plats-bords en s'aidant du gréement, ils se précipitent bientôt à la mer des deux côtés à la fois du navire.

Comment peindre cette scène de désolation? Nul ne le pourrait. Frappés de stupeur à ce spectacle, nous restons un moment immobiles, terrifiés, sans songer à nous opposer à cet immense suicide. En vain tentons-nous bientôt d'arrêter ces malheureux dans l'accomplissement de leur projet, nos exhortations sont inutiles; et comme nous sommes trop peu nombreux pour pouvoir nous y opposer par la force, l'œuvre de mort continue son cours.

Cependant nous ne pouvons laisser périr toutes ces créatures humaines sans rien tenter pour les sauver.

Quelques matelots s'embarquent dans le canot que nous trainions à la remorque, et portent secours aux infortunés qui se noient. Soit que la fraîcheur de la mer les ait calmés, soit que l'instinct de la conservation parle plus haut que leur frayeur, les Africains, loin de repousser encore l'appui qu'on leur offrait, grimpent avec empressement dans le canot et se laissent reconduire à bord. Vingt fois notre frêle embarcation, chargée de nègres, est au moment de sombrer, et vingt fois pourtant elle dépose sa cargaison sur le pont de la *Doris;* nous sauvons ainsi plus de cent Africains. Oui, mais combien aussi, au moment d'être atteints par nous, poussent un cri et disparaissent, entraînés par la dent aiguë du requin sous la vague, qui se teint de leur sang ! Ah ! ceux-là sont bien nombreux encore.

Près d'une demi-heure se passa avant que l'on pût terminer ce sauvetage; enfin on n'aperçoit plus surnager aucune tête sur l'eau, plus un cri ne vient du côté de la mer ou le long des flancs de la *Doris* nous appeler en aide, nous pouvons continuer notre route. Avant tout on réintègre les nègres dans leurs emménagements, on lave le pont, on jette à l'eau les cadavres. Quelques-uns de nos hommes, fortement contusionnés, pansent leurs blessures : quel triste tableau présente en ce moment le pont de la *Doris!*

Le capitaine, que nous avions cru mort, revient alors lentement à lui, et finit par reprendre tout à fait connaissance.

« Mes amis, nous dit-il, avons-nous parmi nous bien des morts à déplorer ? »

A cette question, nous nous regardons pour nous compter; mais nous sommes encore tellement émus, nos idées sont si peu claires, que nous ne pouvons parvenir à rappeler nos souvenirs, et qu'il nous est impossible de mener à bonne fin cette opération.

« Monsieur Boudin, reprend alors le capitaine en s'adressant à son second, faites l'appel, je vous prie... »

M. Boudin, obéit sans tarder, et tous nos hommes répondent quand il prononce leurs noms, un seul excepté toutefois : le pauvre Prendtout. En vain nos regards parcourent la *Doris* depuis le pont jusqu'au sommet des mâts, en vain nos voix réunies crient le nom de Prendtout, nous n'apercevons rien, nous ne recevons aucune réponse. Une minute plus tard, François Combaleau se présente sur le pont; le joyeux matelot a perdu son gai et insouciant sourire; je devine même à l'humidité de ses yeux qu'il a, malgré son énergie et sa force de caractère, pleuré tout comme un enfant. A son approche un grand silence se fait, car nous avons tous compris qu'il vient nous annoncer quelque grand malheur.

En effet, s'avançant à pas lents vers M. Liard :

« Capitaine, lui dit-il, Prendtout a été assassiné : on l'a étranglé avec sa cravate; je viens de retrouver son cadavre caché sous le guindeau, où les nègres l'ont probablement jeté. »

Quoique cette nouvelle nous cause une pénible impression, nous ne pouvons nous empêcher de convenir que la perte d'un seul homme, après avoir soutenu une lutte aussi acharnée que celle que nous avons eue à subir, n'est pas grand'chose. On procède alors à l'appel des nègres. Hélas! quatre-vingt-dix ont succombé, soit pendant la bataille, soit en se jetant par-dessus bord; de plus, une vingtaine de blessés à mort sont au moment de rendre le dernier soupir.

A la révélation de ce déficit énorme, M. Liard pâlit et porta douloureusement la main sur son cœur.

« Voilà cent mille francs au moins de perdus! » dit-il.

L'appel terminé, nous entourons Fleury, Périn et Ducasse, pour leur demander des explications sur la façon dont ils sont parvenus à se soustraire à la fureur des nègres, et comment ils ont pu ensuite venir à notre secours, lorsqu'une voix criarde et grêle prononça, sous la forme d'interrogatoire, un seul mot qui nous réduisit au silence et causa une profonde émotion à l'équipage.

Cette voix était celle de Fignolet, qui d'un air désolé et inquiet disait : « Et le chat? »

En effet, personne n'avait songé pendant l'appel à s'informer du sort de cet intéressant quadrupède; or le malheureux chat avait disparu.

Les lecteurs trouveront ceci bien ridicule : mais, comme je raconte et que je ne commente pas, je me contenterai de constater le fait tel qu'il est, c'est-à-dire que la mort du chat impressionna bien plus vivement l'équipage et affecta bien autrement son moral que ne l'avait fait la fin tragique de l'infortuné Prendtout.

En effet, et je ne prétends pas davantage discuter

ce préjugé, parmi les augures les plus mauvais pour la suite d'une traversée, le matelot met en première ligne la mort en mer, et pendant la navigation, du chat du bord. A ses yeux, cet événement annonce une catastrophe inévitable.

« Que pensez-vous de cela, lieutenant? me demanda Combaleau. Avais-je tort de vous conseiller, à Bourbon, de ne pas prendre passage sur la *Doris?* Insensé Liard, va! mettre en mer un vendredi! M. Chastenay tué par la chute d'un épissoir, l'orage à notre sortie d'Oive, nos désagréments avec les douaniers de Zanzibar, la révolte d'aujourd'hui, enfin et surtout la perte de ce pauvre Mimi... Je n'avais que trop bien deviné. Tout cela, n'oubliez point ce que je vous dis, ne peut finir que fort mal.

— Allons donc, François, lui répondis-je, est-il possible que vous croyiez, vous qui êtes un homme de bon sens et de cœur, que la perte d'un chat puisse influer sur le sort d'un navire?

— Lieutenant, me dit François avec une certaine froideur et d'un ton pincé, car je venais de heurter brutalement sa croyance la plus vive, nos pères, sauf votre respect, n'étaient pas plus mauvais marins ni plus bêtes que nous. Or c'est eux qui ont fait et nous ont laissé cette remarque. Au reste, quelque savant que vous soyez, vous me permettrez de m'en rapporter autant à l'expérience qu'à votre éducation, n'est-ce pas? Eh bien! jamais, au grand jamais, il n'y a eu un exemple qu'un navire, après avoir perdu son chat, soit arrivé à bon port!... Un amiral me soutiendrait le contraire, que je lui dirais : Mon amiral, vous êtes un amiral; mais il y a des choses pourtant qui sont au-dessus de votre intelligence : par exemple, vous ne savez pas ce qui se passe dans le soleil, alors donc vous ne vous connaissez pas en chats... »

Quoique cette conclusion me parût assez peu logique et assez mal amenée, je n'insistai pas auprès de François : le matelot possède des superstitions dont rien, pas même l'évidence la plus complète, ne pourrait le guérir.

Je laissai là Combaleau pour aller écouter le récit que Fleury le jeune, Ducasse et Périn, à qui nous devions la vie, faisaient de leurs aventures.

Cette narration était fort simple : saisis tous les trois par les nègres, ils avaient été jetés tout de suite à la mer par ces furieux, qui, n'ayant pas d'armes pour les tuer, avaient trouvé que les noyer était le meilleur moyen de s'en débarrasser. Bons nageurs, nos pauvres amis, les voiles de la *Doris* s'étant heureusement masquées dès que la révolte nous eut forcé de négliger la manœuvre et d'abandonner le gouvernail, purent atteindre le bord et grimper, après bien des efforts, sur le pont au moment où nous allions succomber. Après ce récit, nous leur serrâmes de bon cœur la main.

La nuit du 13 au 14 mars se passa bien tristement. Un morne abattement avait remplacé en nous la surexcitation causée par la bataille ; les scènes horribles dont nous avions été les auteurs et les témoins nous poursuivaient sans pitié et assombrissaient notre imagination.

Le 14 au matin nous procédâmes aux funérailles de l'infortuné Prendtout; le capitaine Liard voulut profiter de cette occasion pour adresser aux révoltés une mercuriale sévère et indulgente tout à la fois, qui les fit revenir à de bons sentiments. Afin de donner plus d'autorité à sa parole, il résolut de faire assister les Africains aux derniers honneurs que nous allions rendre à leur victime.

Aussitôt après le déjeuner, on chargea bien ostensiblement, devant la traite réunie, nos deux canons, que l'on braqua ensuite sur l'avant, de façon à pouvoir foudroyer les mutins au premier symptôme de révolte. Un homme se plaça, le boutefeu à la main, à côté de chaque pièce; puis, une fois les nègres rangés le long du bord, d'une extrémité à l'autre du navire, la cérémonie commença.

Un catafalque, dressé au moyen d'un caillebottis, et surmonté d'un pavillon de différentes couleurs, était placé horizontalement sur la lice du plat-bord, du côté sous le vent; ce fut sur cette couche funèbre que l'on déposa le corps, enseveli dans un linceul blanc, de l'infortuné Prendtout.

Le capitaine Liard, s'avançant alors et s'adressant aux Africains, leur fit un discours qui ne manquait pas d'adresse. Il leur dit que si nous avions bien voulu les acheter à leurs maîtres de Zanzibar, c'était dans la seule intention de les retirer de leur rude esclavage. Qu'au reste ils ne devaient pas nous savoir gré de ce sacrifice, car c'était notre Dieu, qui voulait que tous les hommes fussent frères, qui nous avait commandé d'agir ainsi. Enfin, après une peinture très pittoresque et colorée de ce Dieu, peinture qui parut impressionner assez vivement son auditoire, le capitaine Liard termina son discours en tombant à genoux avec tout l'équipage.

En ce moment maître Fleury inclina légèrement la base du catafalque; le corps de Prendtout, glissant doucement, disparut à nos regards et tomba dans la mer.

C'est au capitaine, en sa qualité de magistrat du bord, qu'est dévolue la triste mission de constater les décès.

Après les funérailles de Prendtout, M. Liard fit donc apporter sur le pont les effets du défunt, afin d'en dresser l'inventaire en notre présence.

C'est surtout à l'inspection de son coffre qu'on peut juger des qualités d'un matelot; aussi est-ce souvent à cette inspection que les capitaines ont recours, lorsqu'ils engagent leurs équipages, pour déterminer leur choix. L'homme rangé est rarement un mauvais sujet; et celui qui a le courage et la conscience d'économiser pour sa famille les faibles produits de son pénible labeur, se rend toujours digne de la préférence qu'on lui accorde sur des marins moins économes que lui.

L'inspection du coffre de Prendtout nous confirma dans l'opinion que nous avions de lui, c'est-à-dire qu'il était aussi excellent père que bon époux. Son bagage modeste se composait du strict nécessaire; mais à côté de ses hardes usées et soigneusement rapéciées se trouvaient des tissus de l'Inde pliés avec une précaution extrême, qu'il rapportait à sa femme et à ses enfants. Dans le fond, sous un double couvercle, nous découvrîmes en quadruples son petit trésor, c'est-à-dire les appointements presque intacts qu'il avait touchés depuis son départ de France. Parmi cet or se voyaient des mèches de cheveux, l'une de sa femme, les deux autres de ses enfants.

Pauvre Prendtout! si la vie si précaire et souvent si ingrate du marin t'eût présenté de constantes ressources, et que tu eusses pu, par un travail acharné, procurer honorablement une petite aisance aux tiens, je suis bien assuré qu'un navire négrier ne t'eût jamais compté au nombre de ses matelots.

L'inventaire des effets de l'infortuné Rochelais terminé, et cela au milieu de l'attendrissement général, le capitaine apposa les scellés sur le coffre et nous fit signer le procès-verbal qui constatait la mort de notre camarade. Cette opération, quoiqu'elle fût très simple, nous attrista profondément.

Le lendemain, 15 mars, tout était rentré en ordre à bord de la *Doris*, et nous ne concevions plus de crainte sur la soumission de la traite; la leçon que nos Africains avaient reçue était une de ces leçons qui ne s'oublient pas de sitôt.

M. Liard, un crayon à la main et se livrant depuis le matin à des calculs, était arrivé à cette conviction, qui lui avait rendu un peu de tranquillité, que si aucun accident n'entravait plus notre retour à Bourbon, les cent quarante nègres environ qui nous restaient encore couvriraient et au delà les frais du voyage; il entrevoyait même, en supposant qu'aucune maladie épidémique ne se déclarât à bord, un bénéfice possible.

IV

Naufrage. — Bonheur providentiel. — Catastrophe épouvantable. — Singulière détermination du capitaine. — Résignation héroïque de François Combaleau. — La *Doris* abandonnée.

Il était alors onze heures du matin; le ciel, pur, à peine ridé par quelques nuages légers et blanchâtres, nous présageait une journée superbe; nos voiles, brassées en pointe, attendaient le vent; il n'y avait rien à faire. Le capitaine, fatigué de ses calculs et affaibli par sa blessure, profita de ce moment d'inaction pour aller prendre un peu de repos dans sa cabine.

Comme dans cette absence de toute manœuvre rien ne nécessitait la présence de tout l'équipage sur le pont, M. Boudin, le second, homme peu marin, me pria de descendre dans la cambuse avec quelques-uns de nos hommes et de nos noirs fidèles, pour y opérer un rangement devenu indispensable par suite de la consommation d'une partie des provisions. M. Boudin, après m'avoir donné cette mission, car il n'entendait rien à l'arrimage, prit le quart à ma place. François Combaleau, qui depuis la mort ou la disparition du chat avait tout à fait perdu sa gaieté, était alors à la barre.

J'étais dans la cambuse à peu près depuis vingt minutes, quand une fraîcheur soudaine et tout à fait inattendue se répandit dans la cale et appela mon attention. Soudain je sens le navire qui s'incline d'une façon tellement effrayante, que le désarrimage le plus complet s'ensuit. Aussitôt tous les objets d'armement roulent avec fracas du côté de tribord ; l'équipage pousse des cris d'épouvante, et j'entends la voix du second et celle du capitaine ensuite qui commandent : « La barre au vent !... Amène les perroquets, les huniers, le pic !... Largue les écoutes du grand hunier !... »

Le doute ne m'est pas possible, quelque grand malheur vient d'arriver. Je m'élance aussitôt vers la porte de la dunette, un torrent d'eau me renverse. Je me relève vivement, et je parviens à me hisser, non sans peine, sur la partie du navire qui n'est pas encore submergée. Combaleau est le premier matelot que j'aperçois ; il a un air hagard, épouvanté, qui me frappe d'une surprise d'autant plus grande, que je connais l'intrépidité et l'admirable sang-froid dont cet homme est doué.

« Comment cela est-il arrivé ? car le navire était chaviré.

— Je ne sais, lieutenant..., me répondit-il avec embarras. On dit que c'est un grain blanc qui nous a assaillis à l'improviste et a fait chavirer le navire, devenu rebelle au gouvernail ; mais c'est pas vrai !

— Comment ! ce n'est pas vrai ?

— Lieutenant, voyez-vous, me répond à voix basse Combaleau, ce malheur vient de la mort du chat. C'était écrit là-haut ; nous ne pouvions pas l'éviter. »

A présent, comment peindre la consternation de notre équipage et la position dans laquelle nous nous trouvions? Ce n'est pas possible. Nos matelots, accrochés à la mâture et aux points de la carène que la mer n'a pas encore envahis, regardent, immobiles, muets, d'un œil hébété, les vagues qui bondissent, les couvrant de leur écume et semblant vouloir les saluer.

Une minute, une seule minute, et plus un de nous peut-être ne sera vivant !

Comme jamais encore je n'avais entendu rapporter un exemple d'un navire chaviré qui n'eût point coulé immédiatement, je m'attendais à tout moment à voir la *Doris* s'abîmer dans les flots. A chaque secousse que lui imprimait la mer, je fermais instinctivement les yeux pour ne point assister au drame terrible dont je devais être la victime; je regardais ma mort comme une chose tellement inévitable, que je ne songeais même pas à chercher un moyen qui me permît de disputer ma vie.

Le lecteur croira peut-être que l'homme, dans une position aussi affreuse et aussi désespérée que celle dans laquelle je me trouvais, doit éprouver un désespoir profond, être en proie à une terreur extrême; il n'en est rien cependant. Soit que l'excès de l'émotion ou de la peur, en paralysant vos facultés, vous conduise à une espèce d'insensibilité, soit que l'instinct de la conservation perde une grande partie de sa force en face d'une mort certaine, assurée, toujours est-il que le sentiment dominant parmi l'équipage de la *Doris*, dans ce moment critique, était celui d'une résignation passive et inintelligente.

Cependant lorsque nous vîmes, après deux ou trois minutes, que notre brick, resté couché sur tribord, ne s'enfonçait pas dans l'abîme, un immense espoir nous vint au cœur, et nous commençâmes à reprendre courage.

Plusieurs de nos matelots, passant de leur apathie de brute à une ivresse irraisonnée, se mirent à verser des larmes de joie et à remercier Dieu avec transport.

Celui de nos hommes qui le premier de tous songea à sauver sa vie fut le Bordelais Ducasse, qui se glissa furtivement derrière nous pour s'embarquer dans le canot que la *Doris* traînait à sa remorque depuis Zanzibar, et dont la hausse s'était, par bonheur, au moment de la catastrophe, trouvée attachée au couronnement du bord du vent.

Cette embarcation, celle que nous avions dédoublée, était la seule que nous possédions, car le lecteur doit se souvenir que nous avions été obligés d'abandonner les autres à la douane de Zanzibar, lors de notre fuite de ce port. Elle nous représentait donc notre unique moyen de salut.

On ne s'étonnera pas, en songeant à cela, que tous les yeux fussent tournés vers le canot et que dix personnes, au risque de tomber à la mer, se précipitassent, en abandonnant à la hâte leurs abris, entre l'embarcation et Ducasse.

« Garneray, me dit alors le capitaine, sautez dans le canot avec maître Fleury, et allez détacher en toute hâte les espars qui pourront nous servir à la construction d'un radeau. »

Ce mot de radeau, avidement recueilli par l'équipage, fit battre de joie tous les cœurs; en effet, avec les brises assez constantes qui règnent dans ces parages, et ne nous trouvant qu'à une quarantaine de lieues au plus de la côte, nous pouvions espérer avec raison arriver à terre.

« Il faut au moins deux hommes pour conduire l'embarcation, tandis que le troisième détachera les espars, » dit Ducasse, qui, avant que j'aie eu le temps de lui répondre, s'est glissé dans le canot et a poussé au large.

Le navire gisait alors, je l'ai déjà dit, sur la côte de tribord, et bien que la mâture battît la vague à chaque roulis, ce qui rendait notre travail extrêmement difficile et pénible, nous parvînmes cependant à détacher les basses vergues qui devaient servir de base dans la construction du radeau. Ce ne fut pas non plus sans danger que nous parvînmes à accomplir cette tâche, car les nègres, dispersés dans le gréement, tentaient de s'emparer par la violence et par la surprise de notre canot, et nous avions toutes les peines du monde à les repousser.

C'était en vain que nous faisions tous nos efforts pour les calmer et les convaincre que, dans notre position critique, la bonne entente de tous pouvait seule nous sauver ; qu'au reste, nous ne voulions pas les abandonner, au contraire ; que nous allions construire un radeau qui nous permettrait à tous d'atteindre la terre : dominés par la peur, et insensibles à la voix de la raison, ils n'en continuaient pas moins sur nous leurs dangereuses tentatives, nous accablant d'injures et nous menaçant de nous massacrer. Leur exaspération finit même par se monter à un tel degré, que, dans la crainte de voir ces misérables envahir notre frêle embarcation, nous fûmes obligés de gagner le large.

Nous étions désespérés. En effet, la construction

de ce radeau, qui était notre seul et unique moyen de salut, devint, grâce à la stupide fureur des Africains, une chose tout à fait impossible. Nous nous tenions stationnaires à quelques brasses de l'arrière de la *Doris*, quand M. Liard, se penchant de notre côté et se faisant une espèce de porte-voix naturel avec ses deux mains, de façon que ses paroles nous arrivassent sans être entendues par ceux qui se trouvaient à bord, nous héla d'accoster le couronnement en déguisant notre évolution de façon à donner le change aux nègres.

Feignant aussitôt de diriger les pirogues sur l'avant du navire, où les noirs se portent tout de suite en foule pour s'emparer de notre embarcation, je fais scier et j'accoste la poupe avant qu'ils puissent se douter de mon dessein.

Aussitôt M. Liard, M. Boudin et le frère du maître d'équipage Fleury, qui se tenaient sur le couronnement de la *Doris*, sautent dans le canot, et nous poussons au large. Un capitaine, on le sait, doit toujours être le dernier à abandonner son navire; aussi ma première pensée fut-elle, en recueillant M. Liard, qu'il voulut s'assurer par lui-même de la possibilité de construire un radeau, et qu'une fois son opinion formée à cet égard, il retournerait à bord.

Cependant, en considérant son air effrayé, sa pâleur, le tremblement convulsif qui agite ses membres, je comprends bientôt que je me suis trompé et qu'il ne songe qu'à fuir. Je ne doute même plus que cet embarquement, en dehors de toutes les lois de l'honneur et du devoir, n'ait été concerté à l'avance entre M. Liard et son second, M. Boudin.

A peine le canot s'est-il éloigné de quelques mètres

de la *Doris*, que les nègres qui nous attendaient sur l'arrière, comprenant qu'on les abandonnait, se précipitent en foule à la mer et se mettent à notre poursuite; nous prenons chasse devant eux.

Peu à peu le nombre de ces malheureux diminue d'une façon effrayante : les uns sont trahis par leurs forces, les autres deviennent la proie des requins. A chaque instant un cri retentit, une malédiction nous est adressée, et un homme disparaît. C'est à peine si nous osons tourner nos regards vers la *Doris*, tant le spectacle que présente notre pauvre brick est affreux. Chaque lame entraîne dans son ressac des femmes et des enfants que nous voyons tourbillonner une minute, puis s'enfoncer dans l'abîme. Les écoutilles ouvertes vomissent les cadavres des infortunés qui, au moment de la catastrophe, se trouvaient enfermés dans le faux-pont. Cela ne peut s'imaginer ni se décrire.

Quelques captifs dans la force de l'âge fendent la mer de leurs larges poitrines, et, soutenus par un suprême désespoir, parviennent jusqu'à notre embarcation ; mais notre canot, qui n'a que neuf pieds de long et ne supporte déjà qu'avec peine le poids de six hommes, va couler si un seul d'entre eux parvient à y monter, alors... ma plume se refuse à retracer la sauvage fureur qui s'empare de MM. Liard et Boudin. Pas un seul des nègres ne peut réussir à escalader notre frêle esquif; les avirons dont le capitaine et son second se sont armés ruissellent de sang. Pendant deux heures, deux siècles! nous restons en vue de la *Doris*. Et penser que, si les Africains consentaient seulement à se tenir tranquilles, à nous laisser travailler, nous parviendrions peut-être à relever le navire, en tout cas à construire un radeau. Voir la réussite, le salut de tous à notre portée et ne pouvoir y atteindre! Ah! ce supplice n'est pas le moins cruel de tous !

« Messieurs, nous dit enfin le capitaine, après avoir échangé avec M. Boudin un regard d'intelligence que je surprends au passage, que devons-nous faire? A moi, il me semble que dans l'intérêt de tous nous devons gagner au plus vite la haute mer et nous diriger vers la côte. Pour peu que le vent nous protège, nous atteindrons la terre en deux jours, et nous pourrons revenir au secours de nos pauvres amis.

— Capitaine, lui dis-je, votre honneur n'appartient qu'à vous, et vous êtes, certes, libre d'en disposer à votre gré, seulement il ne vous est pas permis d'attenter à celui des autres. Or, comme je suis officier, et que mon grade m'ordonne de n'abandonner le navire sur lequel je navigue qu'après que le dernier matelot en est parti, je retourne à bord de la *Doris*.

— Êtes-vous fou, Garneray? s'écrie Liard, et réfléchissez-vous bien à ce que vous dites?

— Cela est tellement simple, capitaine, que la réflexion n'a rien à y voir.

— Ainsi vous êtes bien décidé à rester sur la *Doris*?

— On ne peut plus décidé, capitaine.

— Soit ; mais de quelle façon comptez-vous y retourner ? »

Cette question me donna à réfléchir.

« A la nage, capitaine, lui répondis-je, car vous ne consentirez probablement pas à m'y conduire?...

— A la nage! Regardez donc un peu, Garneray, les ailerons noirs des requins qui sillonnent de tous côtés la mer à l'entour de nous. Croyez-vous que les nègres et ces voraces et impitoyables ennemis vous laisseront accomplir en paix le trajet qui nous sépare du brick? Votre projet, convenez-en, est insensé et ne mérite même pas d'être combattu.

— Mais, capitaine, je suis officier, et, comme tel, je dois...

— Non, Monsieur, vous n'êtes point officier, s'écria le capitaine en m'interrompant. Ne touchant point d'appointements, et ne participant pas aux bénéfices de la traite, votre position à bord de la *Doris* n'a jamais été, et vous-même avez assez pris soin de me le rappeler, que celle d'un simple auxiliaire. Après tout, voilà déjà trop de temps perdu en vaines paroles... Si vous tenez absolument à servir de pâture aux requins, libre à vous de vous passer cette fantaisie... Quant à moi, comme je suis capitaine et maître ici, je n'ai que faire de votre opposition et de vos remontrances... »

Cette observation, qui me parut assez juste, jointe à la vue des nombreux requins qui prenaient leurs ébats et se prélassaient dans l'immense curée de notre catastrophe, m'empêcha d'insister. Je me permis toutefois de répondre à M. Liard que peut-être nous ferions bien de nous rapprocher de la *Doris* pour essayer d'embarquer avec nous ceux des matelots qui ne craindraient pas de nous rejoindre à la nage.

« Votre avis ne vaut rien, me répondit M. Liard, et cela pour plusieurs raisons : la première, c'est qu'il est probable que les requins ne laisseraient arriver que peu de nos amis jusqu'à nous; la seconde, c'est que le poids d'un seul homme en plus serait capable de couler notre canot. Il ne faut donc point songer à cela; néanmoins je suis d'avis de nous rapprocher de la *Doris* pour tâcher de nous procurer une boussole que l'on pourrait nous jeter... Qu'en pensez-vous, mes amis ? »

Les deux Fleury, Ducasse, et surtout M. Boudin, qui pendant ma discussion avec le capitaine n'avaient pas hésité à se ranger du parti de ce dernier, l'approuvèrent.

Un quart d'heure plus tard nous arrivions, après avoir nagé vigoureusement, à une encablure de notre pauvre brick.

Jamais je n'oublierai les supplications et les prières que nous adressèrent, pour que nous leur permissions de nous rejoindre, le charpentier Martin, le tonnelier Boubert, le matelot Périn et le lamentable Fignolet. Elles me déchirèrent le cœur, et je crois les entendre encore.

François Combaleau seul, monté sur la partie la plus élevée de la coque du navire, son poing gauche appuyé sur la hanche, sa tête orgueilleusement rejetée en arrière, n'implora pas notre pitié; loin de là même.

« Mes amis, nous dit-il, le mieux que vous ayez à faire est de décamper au plus vite et d'aller nous chercher des secours. N'écoutez point les jérémiades de tous ces gens, ils ne savent ce qu'ils veulent.

— Mais qu'allez-vous devenir, François? m'écriai-je.

— Merci de votre intérêt, lieutenant, me répondit-il. Je pense qu'avant demain matin tous nos moricauds auront fait le plongeon. Alors nous pourrons nous occuper à établir un radeau. Eh bien ! lieutenant, trouvez-vous toujours que ce soit une bêtise de croire à l'influence de la mort d'un chat ? »

Voyant, après quelques pourparlers, qu'il nous serait impossible d'obtenir la boussole que nous désirions, et que les hommes restés à bord de la *Doris* eussent été obligés d'aller chercher dans la chambre inondée par la mer, nous adressâmes un dernier adieu à nos malheureux compagnons et nous poussâmes au large.

« Bien du plaisir et de l'agrément, nous cria Fran-

Le charpentier Martin.

çois, et tâchez de revenir le plus promptement possible. Ça ne fait rien, capitaine, là, sans rancune, permettez-moi de vous faire observer, avec infiniment de respect, que vous avez, en appareillant de Bourbon un vendredi, fait une brioche énorme! »

François, fort satisfait d'avoir pu proclamer bien haut, en l'envoyant à l'adresse de qui de droit, cette vérité qui l'étouffait, se mit à brailler à tue-tête le couplet de l'opéra-comique du *Déserteur* :

> Mourir n'est rien, c'est notre dernière heure,
> Chaque minute, chaque pas,
> Ne mène-t-il pas au trépas ?

Forçant alors de rames, nous nous éloignâmes rapidement de la *Doris* ; pendant longtemps la voix de François, mêlée aux imprécations des nègres, arriva distincte, comme un poignant remords, jusqu'à nous. Peu à peu elle se changea en murmures, et cessa bientôt après, mais nos cœurs l'entendaient toujours. Lorsque nous débordâmes de la *Doris*, nos observations astronomiques nous plaçaient à environ quarante-cinq lieues à l'est-sud-est de Zanzibar. Le canot qui nous portait, naviguant par la puissance de ses avirons et celle du courant, cheminait le cap en route, faisant à peu près deux tiers de lieue à l'heure. Si, comme la saison nous le donnait à supposer, nous étions favorisés par la brise, deux jours de navigation nous suffiraient pour aborder l'île de Zanzibar ; nous pouvions donc, en ce cas, raisonnablement espérer pouvoir retourner assez à temps auprès de nos compagnons pour leur porter secours.

V

Détails. — Mort de M. Boudin. — Espoir trompé. — Privations. — Effets du délire. — Un miracle nous sauve. — Nous sommes à terre.

Oui, mais notre frêle canot à clin, long seulement de neuf pieds et surchargé outre mesure par le poids, excessif pour lui, de six hommes, était-il capable de résister à la moindre agitation de la mer? Un grain presque insensible n'était-il pas plus que suffisant pour nous faire chavirer? Hélas! oui, aussi notre découragement atteignait jusqu'au désespoir.

Ce puissant motif d'angoisses n'était pas le seul qui nous accablât : personne à bord de notre canot ne connaissait l'atterrissage de la côte orientale de Zanzibar, vers laquelle nous nous dirigions. Le capitaine, le second et moi, nous nous rappelions bien, il est vrai, quoique confusément, avoir remarqué sur la carte que cette partie de l'île, peu fréquentée par les navires, avait vers son milieu une échancrure où débouchait une petite rivière; là s'arrêtaient tous nos renseignements.

On conçoit qu'avec des données aussi peu certaines notre arrivée nous présentait presque autant de danger que le voyage lui-même : en effet, n'était-il pas probable, en supposant toutefois que le temps fût constamment beau et que les vents du sud-est ne cessassent pas de régner pendant tout le cours de notre navigation, que nous nous briserions en abordant contre les récifs qui entourent, comme une ceinture de granit, l'île de Zanzibar? Nous n'avions plus à attendre qu'une longue agonie terminée par une mort cruelle et violente.

Lorsque nous avions abandonné la *Doris*, le grain blanc qui avait chaviré notre malheureux brick était tout à fait passé, et il faisait un grand calme. Le matelot Ducasse et le maître d'équipage Floury prirent les avirons et nagèrent avec ardeur jusqu'à extinction de forces; nous les remplaçâmes, le jeune Fleury et moi.

Nous réglâmes ensuite nos travaux et nous prîmes nos tours de rôle; comme nous nous trouvions six dans le canot, notre temps de repos n'était pas tout à fait double de celui de la nage, car il fallait toujours un homme au gouvernail; chacun y restait une heure.

Bientôt la nuit nous enveloppa de ses ombres; la lune nous éclairait de ses pâles rayons; pas le moindre souffle d'air ne ridait la surface des eaux.

Ce calme et ce silence de la nature contrastaient d'une façon si étrange avec notre position, qu'ils nous impressionnèrent plus vivement peut-être que ne l'eût fait le bruit lointain du tonnerre ou l'approche de l'orage. A peine échangeâmes-nous, jusqu'au lendemain matin, quelques paroles indispensables. Le son de notre voix, je puis me rendre encore compte de cela aujourd'hui, nous était pénible à entendre.

Le lendemain matin, 15 mars, le soleil se leva dans un horizon sans nuages, et la brise tomba tout à fait. Comment pouvoir, sinon rendre, cela est impossible, mais au moins esquisser de manière à le faire deviner le triste spectacle que nous offrions alors? Comment peindre ce petit canot, point noir et presque imperceptible, se mouvant lentement, comme un insecte à peine visible dans l'immensité de l'Océan? ces hommes pâles, défaits, en proie à toutes les terreurs, que quelques planches minces et à peine retenues ensemble séparent seules de l'abîme, tandis qu'un soleil de feu, versant sur leurs têtes des rayons de lave, enflamme leur cerveau et brûle leur corps? Et quel cadre à ce tableau? Un horizon sans bornes.

Le découragement qui s'était emparé de nous avait aussi, en bien peu de temps, changé nos caractères. Le moindre mot, le moindre geste, quelque insignifiant et inoffensif que fût ce geste ou ce mot, devenait pour nous un sujet de querelle.

Nous nous toisions avec des regards pleins de rage, et à chaque instant nous étions sur le point d'en venir aux mains. Et cependant, n'était-ce pas le moment de nous réunir dans une communauté de pensées, de nous appuyer, de nous encourager les uns les autres? Rien ne rend l'homme méchant et implacable, — je pus me convaincre de cette triste vérité dans cette circonstance solennelle, — comme l'infortune et la peur!

Vers midi, M. Boudin, peu accoutumé à la fatigue, d'une complexion fort délicate, et, qui, je ne sais pour quel motif, avait eu l'imprudence de s'embarquer sans chemise dans le canot, lors du naufrage de la *Doris*, probablement afin de pouvoir plus facilement se sauver à la nage, attrapa sur tout le corps un coup de soleil si violent, qu'il fut obligé d'abandonner les rames. Nous le couchâmes au fond du canot et Ducasse prit sa place.

Enfin cette longue journée, digne d'être écrite dans l'Enfer du Dante, finit, et la rosée de la nuit apporta un léger soulagement à nos souffrances. Nos provisions de bouche, dont je n'ai pas encore parlé, se composaient de vingt bananes. Jusqu'à ce moment, nous avions résisté au désir d'y toucher; mais épuisés alors et n'en pouvant plus, nous fûmes obligés de les entamer. Après une discussion assez aigre et irritante, nous convînmes d'en prendre chacun deux. Le capitaine fut chargé, car le plus futile motif était, je le répète, devenu un sujet de discorde pour nous, de les distribuer au hasard et sans les choisir.

Je ne parlerai pas de l'avidité avec laquelle nous nous jetâmes sur cette maigre nourriture, le lecteur le concevra sans peine. Chacun de nous garda en réserve les pelures coriaces et filandreuses de ses deux bananes ; quant à M. Boudin, alors en proie à une fièvre violente, il n'eut point part à la distribution.

Le 16 au matin, le soleil, qui la veille avait disparu dans un horizon sans tache, se leva, rouge comme du sang, sur un ciel enluminé, dans la direction de l'est, par des masses de nuages dorés et brillants qui se dirigeaient lentement vers l'ouest : c'était là un indice de vent ou de pluie. Pourvu que ce ne fût pas le présage d'un orage! Le vent pouvait, quoique cela ne fût rien moins que certain, nous sauver; la pluie apporterait un grand soulagement à nos souffrances; mais l'orage, quelque passager et léger qu'il fût, nous perdait.

Les yeux fixés sur l'horizon, nous étions partagés entre le sentiment de la crainte et celui de l'espérance.

Comment peindre le bonheur que nous éprouvâmes lorsque, après une demi-heure d'attente pleine d'angoisse, nous vîmes les nuages amoncelés sur notre tête donner passage à une forte pluie sans orage?

Nous nous empressâmes de réunir nos cinq chemises avec de la ficelle, puis, les attachant à un aviron et en formant une espèce de hunier que nous guindâmes à la tête d'une rame élevée en guise de mât, nous pûmes avancer en nous reposant un peu.

La pluie qui ruisselait sur notre corps nous procurait une sensation de bien-être inexprimable; la tête tournée vers le ciel, nous recevions avidement les gouttes de pluie; plusieurs d'entre nous, trouvant ce secours insuffisant, léchaient les parois mouillées du canot.

Malheureusement, cela dura peu : bientôt le soleil chassa devant lui les nuages, et la pluie cessa tout à fait. Nous défîmes alors notre informe voilure, c'est-à-dire nos chemises cousues ensemble, et les pressant avec force, nous en obtînmes à peu près deux pintes d'eau que nous recueillîmes dans un chapeau.

La fraîcheur que ces vêtements donnèrent à notre corps, lorsque nous les revêtîmes de nouveau, nous procura pendant tout le reste de la journée une force et une vigueur que nous n'espérions plus posséder.

Quant au pauvre M. Boudin, c'était tout autre chose ; son état, loin de s'améliorer, ne faisait qu'empirer; il était toujours en proie à un violent accès de fièvre.

Vers la tombée de la nuit, un événement auquel je ne songeais guère manqua de nous être fatal; l'auteur en fut Ducasse. Ce matelot, fort, vigoureux, et qui jusqu'alors avait montré assez de patience et de courage, fut saisi tout à coup par un délire furieux. Jetant loin de lui son aviron, il se dressa violemment sur son banc, et, s'écriant qu'il apercevait une belle prairie couverte de marguerites, il voulut s'élancer à la mer. Par bonheur, nous eûmes le temps de nous précipiter sur lui et de le retenir au moment où il allait accomplir son fatal projet. Seulement la lutte que nous eûmes à soutenir contre lui fut si longue, si acharnée, qu'elle nous fit perdre une partie de nos forces. Enfin nous parvînmes à le coucher au fond du canot, à côté de M. Boudin.

Une fois maîtres de lui, il nous restait à rattraper l'aviron que le malheureux avait, pendant son accès de délire jeté au loin dans la mer. En vain cherchâmes-nous pendant longtemps, avec une attention perplexe et soutenue, l'aviron; nous fûmes plus d'une demi-heure avant de l'apercevoir. Que l'on juge de notre anxiété et de notre désespoir : à cet aviron (à quelle extrémité étions-nous réduits!) était attaché notre sort. Comment, en effet, si nous ne parvenions pas à le retrouver, continuer notre navigation? Ce fut le capitaine qui le premier découvrit, bercé à vingt pas de nous par la vague, l'aviron si désiré ; nous nous dirigeâmes vers lui en godillant, et nous ne tardâmes pas à nous en emparer. Cette seconde journée, si elle ne nous fut pas, à cause du calme, bien favorable, eut cependant cela d'heureux, grâce sans doute au soulagement que nous avait apporté la pluie, qu'elle fit cesser l'iritation qui régnait entre nous, et que nous commençâmes à nous regarder sans haine et sans colère.

Vers le milieu de la nuit, Ducasse, rafraîchi et calmé par plusieurs heures de sommeil, se leva complètement remis de son espèce de fièvre chaude et reprit sa place sur son banc de rameur.

Le jour suivant, c'est-à-dire le 17, le soleil se leva, comme la veille, splendide et radieux; aucun indice de brise ne se voyait à l'horizon. Ce ne fut que vers les onze heures du matin que le vent commença à se faire sentir et nous vint un peu en aide. Seulement, depuis quelques heures la chaleur avait été telle, que le malheureux Boudin était à la dernière extrémité.

Sa force de volonté, trop tardive en lui, chercha en vain à prendre le dessus sur la souffrance qui l'accablait; bientôt il se mit à pousser des cris déchirants.

« Je ne veux pas mourir, s'écria-t-il avec désespoir, je ne veux pas mourir encore ! Au secours ! sauvez-moi !... »

Puis, s'arrêtant bientôt, épuisé, il reprenait peu à peu d'une voix que l'inflammation de la gorge rendait à peine intelligible :

« Pour l'amour du ciel !... de l'eau... de l'eau... mon estomac est en feu. »

Du peu d'eau que nous avions recueillie la veille il ne nous restait plus une seule goutte; ne pouvant donc nous rendre à la prière de l'infortuné moribond, nous cherchâmes à tromper sa souffrance.

« Allons, un peu de patience, lui disions-nous, encore quelques heures et nous serons à terre ; alors vous boirez tant que vous voudrez, et quelques heures de repos compléteront votre guérison. »

Le pauvre Boudin entendait toujours nos paroles; mais il était devenu trop faible pour pouvoir nous répondre; seulement nous voyions bien, à son air d'incrédulité, qu'il n'ajoutait pas foi à nos généreux mensonges.

Enfin, après une horrible agonie qui dura près de deux heures, il se tordit dans un suprême effort, comme s'il eût été atteint par la flamme, se releva presque debout, et finit par retomber mort.

Nous étions tellement malheureux nous-mêmes, que cet événement ne nous causa, pour ainsi dire, aucune émotion. A quoi bon nous apitoyer sur le sort de ce malheureux? ne devions-nous pas bientôt finir comme lui?

Je dois dire à notre louange que nous n'hésitâmes pas une seconde à jeter son cadavre à la mer; cependant nous subissions les angoisses de la faim avec une telle violence, que réellement nous eussions été excusables d'arrêter un moment notre esprit à une pensée épouvantable, hideuse, que je n'ose ni ne veux rapporter ici, et dont l'exécution a jeté un souvenir et une ombre si terribles sur l'avenir des survivants du radeau de la *Méduse!*

La journée du 17 fut pour nous une longue torture; nos mains, enflées et couvertes d'ampoules par leur contact trop répété avec les rames, nous apportèrent de nouvelles souffrances. Une légère pluie qui tomba pendant quelques minutes, si elle ne ranima pas notre courage, — car du courage nous n'en avions plus, — nous permit cependant d'éviter le délire qui déjà commençait à s'emparer de nous. Un peu avant le coucher du soleil, deux poissons volants, pesant chacun cinq à six onces, tombèrent dans notre canot; et nous les dévorâmes avec avidité.

Le 18, quatrième jour depuis notre embarquement

dans le canot, le jeune Fleury et Ducasse commencèrent à donner des signes non équivoques de délire ; heureusement que leur folie prit un cours pacifique. Si elle se fût produite en violence et en fureur, il nous eût été impossible, tant nous étions faibles, d'opposer la moindre résistance à leurs desseins ; c'en eût été fait de nous.

Le jeune Fleury avait une idée fixe.

« Mes amis, nous disait-il en pleurant et sans savoir seulement à qui il s'adressait, — car il ne nous reconnaissait plus, — mes amis, je vous en prie, soyez bons garçons et complaisants, laissez-vous mourir, pour que l'on vous jette à la mer. Vous n'aurez pas à vous repentir : il fait si frais et si bon au fond de l'eau ! Allons, un peu de complaisance !... Cela allégerait le canot, et je pourrais le porter ensuite à terre. De cette façon, nous serons tous sauvés... »

Cette idée fixe du pauvre jeune homme provenait probablement de la joie égoïste et cruelle que nous avions éprouvée et exprimée de la mort de M. Boudin, en nous apercevant qu'une fois son cadavre jeté à la mer, notre embarcation avançait avec plus de facilité.

Quant au Bordelais Ducasse, sa folie était toute différente. Se figurant qu'il était berger d'un grand troupeau, il s'impatientait contre ses moutons, qui buvaient, disait-il, toute l'eau de la Gironde, et allaient mettre les navires à sec.

Le capitaine Liard se trouvait à peu près dans un état semblable à celui des deux matelots ; couché sur son banc, il murmurait d'une voix étouffée des nombres et des chiffres ; toutefois de temps en temps il nous adressait la parole en nous appelant par nos noms.

Le seul homme qui avec moi ne fût pas complètement en proie à la folie ou au délire était le maître d'équipage Fleury. Quelquefois, — car nous étions trop faibles ou trop découragés pour parler, — nous échangions des regards expressifs, tant pour nous assurer si nous pouvions toujours compter l'un sur l'autre, que pour savoir si quelque idée heureuse ne nous venait pas.

Toutefois, vers les quatre heures, je sentis que le brouillard se faisait, si je puis m'exprimer ainsi, dans mon intelligence. Je me rappelle encore, non sans émotion, l'horrible lutte qui s'établit alors entre ma force de volonté et le délire qui commençait à s'emparer de moi.

Le délire, mais un délire qui me permettait fort bien d'apprécier les objets qui m'entouraient et qui se rattachaient encore par quelques points à la vie réelle, finit enfin par triompher. Je me trouvais alors dans l'état d'un homme gris d'opium ou de haschisch, c'est-à-dire que j'avais la conscience des visions qui m'obsédaient. De temps à autre je sentais une joie folle, délirante, sans nom, me monter au cœur, car je venais de me rappeler tout à coup que j'avais, comme les oiseaux, des ailes, et que comme eux je pouvais m'envoler. Une violente chaleur, qui partait de la plante de mes pieds pour arriver jusqu'à mon crâne, donnait bientôt une autre direction à mon ivresse. Je me figurais que je pesais dans une balance le temps qui me restait à vivre, et que l'aiguille marquait deux jours.

Vers le soir cependant je revins complètement à moi. Mon premier regard fut pour le maître d'équipage Fleury; il avait les yeux fixes et démesurément ouverts.

« Eh bien, Fleury? lui demandai-je.

— J'ai dormi aussi, lieutenant, » me répondit-il en passant lentement la main sur son front.

Ces quelques paroles étaient les premières que nous avions échangées de toute la journée.

« Voici la nuit qui va nous apporter un peu de fraîcheur, lui dis-je, reprenons les avirons. Chaque minute d'inaction est une année que nous supprimons de notre vie.

— Oui, lieutenant. Ah! que les oiseaux sont heureux! murmura-t-il en me désignant par un faible signe de tête les nombreux goélands qui voltigeaient autour de notre embarcation.

— Les oiseaux, Fleury, nous annoncent l'approche de la terre.

— La terre, lieutenant! s'écria le maître d'équipage en appuyant sur son aviron; est-ce que vous croyez à la terre? C'est un mensonge, elle n'existe pas! »

J'étais depuis à peu près une heure occupé à ramer, lorsque je sentis que ma faiblesse me reprenait. Une étrange vision se présentait à mon esprit : c'était mon passé tout entier, et je parle de mon passé à partir de ma plus extrême jeunesse, qui se déroulait devant moi. Dans cette revue rétrospective, pas une heure, pas une minute, pas un événement, quelque puéril, insignifiant ou banal qu'il eût été, qui ne se reproduisît avec une merveilleuse fidélité. Je lisais dans ma vie comme dans un livre; je la voyais comme dans un tableau. Il me serait impossible de dire, même approximativement, le temps que dura cette espèce de lucidité surnaturelle.

Lorsque je revins à moi, je fus surpris de l'inaction

de Fleury, qui se trouvait à l'aviron de l'arrière. Le maître d'équipage, la tête inclinée en dehors du canot, était immobile; je crus qu'il était mort.

Je le rejoignis, non sans peine, et le secouant par l'épaule, je l'appelai par son nom.

Que l'on juge de mon étonnement lorsque, se retournant tout à coup vivement vers moi, il me jeta ses bras autour du cou et m'embrassa avec transport.

« Ah! lieutenant, entendez-vous? me dit-il d'une voix étouffée par les larmes; nous sommes sauvés, voici la terre !

— Je n'entends rien que le murmure de la mer, lui répondis-je, persuadé que le malheureux était retombé dans le délire.

— Oh! ce bruit n'est pas causé par le mouvement ordinaire des vagues, lieutenant, c'est celui d'une barre. »

A ce mot, qui me montrait que le maître d'équipage jouissait d'un peu de raison, je ne puis dire tout ce que j'éprouvai; je crus que j'allais succomber à la joie.

Toutefois l'idée qu'il pouvait bien se tromper modéra bientôt mes transports, et je me penchai avidement à mon tour en dehors du canot. Fleury avait dit vrai, ou du moins je partageais son illusion, car je distinguais aussi le bruit produit par la vague déferlant sur le rivage.

« Nageons, Fleury, m'écriai-je en sentant une force inouïe circuler dans mes membres, nageons! »

Fleury, pour toute réponse, appuya vivement sur son aviron, et je l'imitai sans perdre de temps. Jamais notre canot n'avait été aussi vite.

A mesure que la distance qui nous séparait de la terre diminuait, nos incertitudes se dissipaient; car, le premier moment de notre folle ivresse passé, nous n'avions pas tardé à retomber dans le doute.

« Capitaine! Ducasse! Fleury! m'écriai-je en abandonnant mon aviron, revenez à vous, mes amis, voici la terre! »

A ce seul mot de terre, mes trois compagnons se levèrent simultanément et comme par enchantement. Ce mot magique avait suffi pour les rappeler à la raison.

Une fois que je leur eus fait part de la découverte du maître d'équipage et qu'ils se furent assurés euxmêmes par un examen attentif de sa réalité, ils éclatèrent en sanglots. Pourquoi? je l'ignore. Le bonheur qu'ils ressentaient était probablement trop fort pour leur faiblesse.

« Mes amis, leur dis-je, Fleury et moi, nous n'en pouvons plus, remplacez-nous aux avirons. »

Fleury jeune et Ducasse s'empressèrent de se rendre à ma prière, et ces hommes qui, il y avait à peine de cela quelques minutes, étaient incapables de soulever leurs têtes, firent voler bientôt après, rapide et légère, notre embarcation sur les flots. A chaque coup d'aviron qu'ils donnaient, le sang sortait par les crevasses de leurs mains; mais, insensibles à la douleur, ils continuaient leur tâche avec ardeur et sans prendre de repos.

« Pourquoi donc nous réjouir? s'écria tout à coup le capitaine, qui se tenait à la barre. Savons-nous où nous allons aborder? L'île de Zanzibar est entourée de rochers et de récifs, nous serons broyés. Et puis... et puis... n'entendez-vous pas les rugissements des bêtes féroces? Quand bien même nous pourrions descendre à terre, à quoi cela nous avancerait-il?... à être dévorés ! Ah ! n'importe ! allons toujours, cela doit être si doux de sentir, ne fût-ce que pour une minute, son pied s'appuyer sur la plage ! »

A ces paroles aussi imprudentes que maladroites du capitaine, paroles qu'il a prononcées avec une vivacité saccadée et fébrile, Ducasse et le jeune Fleury, déjà épuisés par des efforts trop violents, cessent de ramer.

« Capitaine, lui dis-je à demi-voix, taisez-vous, au nom du Ciel ! ne découragez pas nos hommes, ou nous sommes perdus. Mais quoi ! Ne m'entendez-vous pas ?... Voyons, répondez. »

M. Liard, qui pendant que je lui parlais était resté immobile, se leva tout à coup subitement.

« Si je vous entends, me dit-il, je crois bien ! Vous m'apprenez que nous sommes arrivés ! Pardieu ! je sais cela aussi bien que vous. Mon Dieu ! que de monde sur le quai pour nous recevoir ! Ils vont tous vouloir nous inviter à dîner ; allons-nous boire et manger ! Mes amis, je suis à vous. Attendez, je vais vous lancer une amarre. »

M. Liard, après avoir prononcé ces paroles, les fait suivre d'un geste, comme s'il jetait l'amarre annoncée. Malheur !... un clapotement retentit sur la mer ; c'est notre gouvernail qu'il a démonté et qu'il vient d'envoyer, avec la force que lui donne le délire, à dix pas de nous.

Que faire ? que devenir ? la lune n'est pas encore levée, une profonde obscurité nous enveloppe ; comment retrouverons-nous ce gouvernail, dont nous ne pouvons nous passer ?

« Nous sommes perdus, lieutenant, me dit le maître d'équipage.

— Oui, Fleury, perdus. A quoi bon lutter contre notre mauvaise chance? Elle est, vous le voyez, supérieure à notre courage.

— Ne voulez-vous pas, lieutenant, vous remettre aux avirons?

— Ma foi, non, c'est inutile. Jusqu'à présent nos efforts n'ont abouti qu'à augmenter nos souffrances. Je préfère le repos à la lutte. Que la Providence fasse de moi ce qu'elle voudra!

— Croyez-vous, lieutenant, me demanda le jeune Fleury, que la côte soit infestée de bêtes féroces?

— Je l'ignore, et cela m'est égal.

— Moi, mon avis, reprend le matelot, est que nous attendions ici jusqu'au jour sans bouger. Nous pourrions, de cette façon, aborder avec moins de danger.

— Moi, je veux aborder tout de suite, entends-tu? s'écrie Ducasse en reprenant son aviron.

— Je m'y oppose! dit le jeune Fleury.

— Ah! vraiment! c'est ce que nous allons voir. »

Le Bordelais, furieux, se lève de son banc et va pour se jeter sur le jeune frère du maître d'équipage. Nous sommes obligés de nous précipiter entre eux et de les retenir.

« Cessez de vous disputer pour un aussi frivole motif, mes amis, leur dis-je. Ni toi, Ducasse, ni toi, Fleury, vous ne pouvez vous opposer aux événements, et changer en rien la marche du canot! Comment voulez-vous que sans gouvernail nous nous dirigions avec certitude vers la plage? et comment, d'un autre côté, nous serait-il possible de résister au courant qui nous entraîne? Attendons!... »

En effet, un courant très rapide donnait alors une

assez grande vitesse à notre embarcation. Pendant près d'une heure, immobiles, silencieux, absorbés par nos pensées, nous ne prononçâmes ni les uns ni les autres une seule parole.

Le capitaine fut le premier, son hallucination passée, qui rompit ce silence. Il nous demanda pourquoi nous ne nagions plus, et je lui appris l'accident qu'il nous avait fait éprouver pendant son court accès de délire, c'est-à-dire la perte de notre gouvernail.

« Qui sait si ce n'est pas un bonheur que nous n'arrivions pas cette nuit? me répondit-il; car, vous le savez, Garneray, l'île de Zanzibar ne possède qu'une espèce de baie, large à peine de quelques toises, et il faudrait une chance merveilleuse, impossible, inouïe, pour que le hasard nous eût justement conduits à cet endroit. Nous devons donc compter débarquer sur une côte inhabitée et dangereuse, pour ne pas dire mortelle. Oh! je le sens, nous sommes perdus. »

Le capitaine achevait à peine de prononcer ces paroles, quand le chant clair, distinct et retentissant d'un coq vint frapper nos oreilles. Nous poussâmes un cri de joie. Nous touchions donc presque à la terre, et à une terre habitée!

Je tombai à genoux, et j'adressai de ferventes actions de grâces au Ciel. Mes compagnons pleuraient.

Notre embarcation, qui, je l'ai déjà dit, avait depuis quelques instants pris une grande rapidité, se ralentit alors d'une façon fort sensible; nous n'avancions presque plus; il était près de trois heures du matin.

Bientôt la lune sortit radieuse de derrière un rideau

de nuages, et vint éclairer de ses pâles rayons les ténèbres dans lesquelles nous étions plongés.

« Mes amis! m'écriai-je avec effroi en remarquant que la mer, d'une couleur sombre et noire, ressemblait à un lac de bitume en fusion, nous sommes probablement sur des bas-fonds et nous allons toucher... Attention! »

J'achevais à peine de prononcer ces paroles, que notre canot reçut un choc assez violent. Nous poussâmes un cri simultané de détresse.

« Mon Dieu, ayez pitié de nous! » m'écriai-je en levant les yeux vers le ciel.

Que l'on essaye de se faire une idée de la sensation immense, inouïe, surhumaine de joie que je ressentis, lorsque mon regard rencontra au-dessus de ma tête les cimes ondoyantes et touffues d'une longue rangée de cocotiers. C'était le reflet de ces arbres qui changeait pour nous la mer de couleur.

Quant au choc reçu par notre embarcation, nous ne fûmes pas longtemps à chercher la cause. De nombreuses perches attachées ensemble et symétriquement rangées nous apprirent bientôt que nous étions tombés au milieu d'une pêcherie. Ah! Dieu, dans sa sa colère, prolongerait dans cette vallée de larmes ma vie au delà du terme de l'existence humaine, que jamais je n'oublierais le bonheur que je ressentis alors.

« Eh bien, capitaine, dis-je à M. Liard, nous sommes donc sauvés?

— Oui, Garneray... Mais non, c'est impossible... Pourtant, voilà bien la terre!... Oh! j'ai peur de rêver. »

Le fait est que notre arrivée dans cette petite baie, la seule qui se trouvât sur la côte entière de l'île de

Zanzibar, présentait un hasard si extraordinaire, si inouï, un fait tellement merveilleux, que c'était à ne pas y croire. Mais nous avions tant prié, que le Ciel s'était laissé attendrir.

Cinq minutes après notre rencontre de la pêcherie, notre canot échouait doucement sur la berge, et, m'élançant avec une vigueur que ma faiblesse rendait inexplicable, je foulai enfin cette terre que je ne comptais plus revoir, et je tombai à genoux pour remercier Dieu. Le maître d'équipage Fleury et Ducasse me rejoignirent aussitôt.

Quant à M. Liard et au jeune Fleury, ils étaient si exténués tous les deux, que nous fûmes obligés de les descendre sur le rivage.

« A manger, Garneray! me dit M. Liard, ou je meurs.

— Je vais à la recherche, capitaine, lui répondis-je; un peu de patience, ne craignez rien. Après le miracle que la Providence vient d'accomplir en notre faveur, tout doit nous réussir. »

Ducasse et Fleury me déclarèrent qu'ils étaient prêts à m'accompagner; j'acceptai leur concours avec empressement.

Nous couchâmes au pied d'un arbre M. Liard et le jeune frère du maître d'équipage, puis nous nous mîmes en route sans plus tarder.

J'oublie de mentionner qu'avant d'aborder la terre, c'est-à-dire pendant le court trajet de la pêcherie à la rive, nous avions bu à grands traits, quoiqu'elle fût un peu saumâtre, de l'eau de la rivière, et que cela nous avait fait le plus grand bien.

Après avoir rassuré de nouveau nos deux compagnons sur notre absence, que nous leur promîmes d'abréger autant que faire se pourrait, Fleury, Ducasse et moi, marchant tous trois de front pour embrasser le plus d'espace possible et nous assurer, par conséquent plus de chances, nous commençâmes notre voyage d'exploration.

Depuis quatre jours que, en proie à la faim, à la soif et à la chaleur, nous n'avions eu pour nous contenir que notre étroite embarcation, nos membres s'étaient tellement engourdis et affaiblis, que nous avancions comme si nous eussions été gris, c'est-à-dire en trébuchant.

Chaque pas que nous faisions nous occasionnait une vive douleur; mais nous étions loin de nous plaindre, et cette douleur, en nous rappelant que nous touchions enfin la terre ferme, était plutôt pour nous une volupté qu'une souffrance.

Les parfums dont l'air était imprégné, et que nous aspirions avec délices, contribuaient encore à notre ivresse. Ah ! si le bonheur poussé à ses dernières limites pouvait tuer, comme le fait la douleur, cette heure eût été la dernière de notre vie.

Il y avait à peu près dix minutes que nous avions quitté le rivage, lorsque Ducasse, qui marchait de quelques pas en avant de nous, nous appela.

« Voyez, mes amis, » nous dit-il, lorsque nous l'eûmes rejoint. Le Bordelais, en parlant ainsi, étendait sa main vers un vaste champ semé de maïs, dont les épis jaunis, éclairés par la lune, ressemblaient de loin à de gros glands d'or.

A cette vue, je poussai un cri de joie, et je m'élançai vers cette terre promise ; mais, ô contrariété ! à peine avais-je pris mon élan, que je me sentis arrêté par une espèce de palissade ou de barrière qui entourait le champ.

Quoique cet obstacle n'eût certes pas été difficile à franchir pour un homme dans son état ordinaire, j'étais tellement affaibli, que je restai pendant quelques secondes à le considérer avec effroi, comme si c'eût été une forteresse que j'eusse dû prendre d'assaut.

Enfin j'allais me décider à l'escalade, quand tout à coup les aboiements furieux d'un chien retentirent à une vingtaine de pas de nous.

Nous nous regardâmes avec épouvante.

En effet, nous n'avions seulement pas un bâton pour nous défendre, et puis, eussions-nous été armés, que notre faiblesse nous aurait empêchés d'opposer la moindre résistance, même à une attaque insignifiante.

Que l'on juge combien notre position était critique et curieuse.

Devant nous, ces épis de maïs qui nous attiraient invinciblement et que nous dévorions de nos regards; plus loin, un animal peu dangereux sans doute et dont un enfant ne se fût pas inquiété, nous tenant en respect et nous inspirant assez d'effroi pour nous donner la force de combattre la tentation insensée que nous causait la perspective de pouvoir assouvir notre faim.

Ce spectacle eût été grotesque pour un spectateur indifférent.

Cependant combien nous souffrions !

Le premier moment d'effroi passé, nous finîmes par remarquer que les aboiements du chien continuaient à se faire entendre dans la même direction et ne changeaient pas de place.

Nous conjecturâmes de cela que l'animal était attaché, et, nous enhardissant peu à peu, nous finîmes par nous décider à tenter l'aventure.

Ah ! quelle fut notre joie lorsque nous écrasâmes

sous nos dents à moitié déchaussées le premier grain tendre et laiteux de ce maïs si ardemment convoité !

Je ne me rappelle pas que de ma vie le sens du goût m'ait procuré, je ne dirai pas une pareille jouissance, mais un semblable bonheur.

Notre faim, non pas apaisée, mais au moins calmée, nous songeâmes à nos deux compagnons qui nous attendaient, et qui devaient compter les secondes pendant notre absence.

Nous fîmes pour eux une large provision de maïs.

Nous nous retirions, lorsque, mon pied glissant sur un corps assez volumineux et élastique, je manquai de tomber. Ma première action fut de me rejeter vivement en arrière, car toute chose inconnue était alors pour nous un sujet de crainte. Que l'on se figure, si l'on peut, quelle fut ma joie, lorsque je m'aperçus que cet objet, dont le contact m'avait d'abord si fort effrayé, n'était autre chose qu'une pastèque ou melon d'eau.

Me jeter sur le fruit savoureux, déchirer sa fragile écorce avec mes ongles et mes dents, boire à longs traits son jus glacé et parfumé, manger avidement sa chair, fut pour moi l'affaire de quelques secondes. Ducasse et Fleury, aussi heureux de leur côté que je l'étais du mien, — car nous étions tombés au milieu d'une plantation de pastèques, et nous n'avions que l'embarras du choix, — s'en donnaient à cœur joie.

Je compterai toujours au nombre des bonnes actions que j'ai pu faire pendant ma vie le courage qu'il me fallut déployer pour m'arracher à cette terre promise.

Mais nos compagnons, mourant d'inanition à quelques pas de nous, pour ainsi dire, avaient reçu notre parole que nous ne les abandonnerions pas ; nous devions remplir nos engagements.

Toutefois, avant de m'éloigner, je ne pus m'empêcher de cueillir encore quelques pastèques, que je fis disparaître avec la même promptitude que les premières.

Lorsque nous arrivâmes chargés de nos provisions à l'endroit où nous avions laissé le capitaine et le jeune Fleury, nous trouvâmes nos deux compagnons en proie à une inquiétude et à une impatience qui tenaient du délire.

A la vue du maïs et des pastèques que nous leur apportions, ils éclatèrent en sanglots.

Un quart d'heure plus tard, couchés tous les cinq sous un amas de feuilles de cocotier que nous avions étendues sur nous pour nous garantir de la pénétrante et dangereuse rosée de la nuit, nous nous endormîmes d'un profond sommeil.

C'était le premier moment de repos véritable, c'est-à-dire sans arrière-pensée et sans préoccupation que nous goûtions depuis quatre jours.

VI

Réveil. — Généreuse hospitalité. — Voyage de recherches. — Notre départ.

Combien de temps dura mon sommeil, je l'ignore. Toujours est-il que le soleil avait déjà fourni la moitié de sa course lorsque je me réveillai, ou, pour être plus exact, lorsqu'on me réveilla le lendemain.

Je fus un moment avant de pouvoir me rendre compte, après avoir ouvert les yeux, de ma position présente. La première chose qui frappa mes regards fut un groupe d'Arabes qui nous entouraient; je ne savais pas bien au juste si je ne rêvais pas encore.

Le plus âgé d'entre eux, beau vieillard à barbe blanche, me demanda aussitôt si nous ne désirions pas réparer nos forces par un bon repas : inutile de rapporter quelle fut ma réponse.

Combien je bénis alors mes précédents voyages à la côte d'Afrique, qui m'avaient mis à même de comprendre quelques mots usuels de la langue arabe et de pouvoir m'expliquer assez intelligiblement !

Je ne puis dire combien le peu de nourriture que j'avais prise la veille et le long et paisible sommeil que j'avais ensuite goûté avaient rétabli mes forces; je ne me ressentais presque plus des privations et des fatigues que j'avais subies pendant les quatre jours d'angoisses passés dans le canot.

Le même heureux changement s'était également opéré chez mes compagnons.

Le capitaine et le jeune Fleury, dont l'état, la veille encore, me causait de sérieuses inquiétudes, se levèrent aussitôt d'eux-mêmes, sans avoir besoin de notre aide, et s'empressèrent de suivre le vieillard arabe, qui nous conduisait à son habitation.

Nous trouvâmes en y arrivant un repas splendide : un cabri fricassé (le mets favori des Arabes), des patates et du riz en abondance, des fruits à profusion; je croyais assister à la réalisation du conte le plus invraisemblable des *Mille et une Nuits*.

Les Arabes qui nous entouraient et assistaient à notre repas ne purent s'empêcher, malgré leur gravité, de témoigner par leurs exclamations, à plusieurs reprises l'étonnement que leur inspirait notre voracité. En moins d'un quart d'heure nous en eûmes fini avec tout ce que l'on nous avait servi. Je ne puis comprendre comment nous pûmes résister à un tel excès.

Il est probable que sans notre légère collation de la veille, qui nous avait déjà préparés, nous eussions succombé à cette espèce d'orgie.

Une chose que l'on ne peut trop louer chez l'Arabe, c'est sa discrétion et sa dignité. Pendant tout le temps que dura notre pantagruélique dîner, pas un d'entre eux ne nous adressa une seule question.

Ce ne fut que quand nous eûmes bien satisfait notre appétit qu'ils nous interrogèrent, et encore régnait-il dans leurs demandes une discrétion profonde ; on voyait qu'ils ne s'inquiétaient de notre position que pour pouvoir connaître nos besoins, et non pas pour satisfaire une vaine curiosité. Notre récit terminé, et ce ne fut pas long, le vieil Arabe, sans prononcer une parole, s'éloigna et revint bientôt avec des pagnes dont il nous fit cadeau.

Une heure plus tard, nous étions tous installés dans des habitations différentes, où nous recevions la plus large hospitalité.

Les journées du 17 et du 18 se passèrent pour nous dans un délicieux repos. Le 19 au matin, nous nous retrouvâmes aussi forts et aussi alertes que possible.

Réunis tous les cinq en conseil, nous discutâmes notre plan de conduite.

Notre décision fut bientôt prise, et prise à l'unanimité : nous décidâmes que le lendemain, sans plus tarder, nous entreprendrions un voyage d'exploration pour rechercher nos camarades. Maître Fleury et moi, plus robustes que nos compagnons, nous nous proposâmes, et nous fûmes immédiatement acceptés pour tenter l'aventure.

Nous employâmes le reste de la journée à construire un gouvernail pour remplacer le nôtre, que le capitaine, on doit s'en souvenir, avait jeté à la mer dans un accès de délire.

Le lendemain, nos hôtes, à qui nous avions fait part de notre projet, nous fournirent des voiles, des vivres et un mât.

Un d'entre eux même voulut bien s'embarquer avec nous pour nous servir de pilote.

Nous mîmes à la mer vers les cinq heures du matin. Telle est l'insouciance du matelot, que la vue de ce canot où j'avais tant souffert ne me causa aucune impression ; j'avais presque oublié, pendant les deux jours de tranquillité que je venais de goûter, notre terrible naufrage.

Je me déterminai d'abord à explorer la partie septentrionale de l'île ; c'était là que les courants avaient dû, si toutefois mes malheureux amis restés sur la *Doris* étaient parvenus à construire leur radeau, conduire ceux dont l'image ne me quittait plus et me poursuivait sans cesse.

Hélas ! nos recherches furent complètement infructueuses ; nous revenions deux jours après, le 21, sans avoir rien rencontré ni remarqué qui fût de nature à nous donner le moindre espoir.

« Mon Dieu, nous dit le capitaine, j'ai bien peur qu'ils n'aient été tous égorgés par les nègres restés à bord de la *Doris*.

— Mais, capitaine, ces nègres n'étaient plus bien nombreux.

— Ils étaient encore de beaucoup supérieurs en nombre à nos amis, et comme ces derniers n'avaient pas d'armes pour se défendre, il y a cent à parier contre un qu'ils ont tous succombé.

— Qu'importe ! notre devoir n'en est pas moins de tenter tout ce qu'il est humainement possible de faire.

— Mon Dieu, Messieurs, ne croyez pas que je recule devant le danger ou la fatigue ! La preuve, c'est que je vais m'embarquer à mon tour avec Ducasse et Fleury. »

En effet, une heure plus tard, MM. Liard, Ducasse et le jeune Fleury mettaient à la voile.

Le lendemain soir ils étaient de retour, après un voyage tout aussi infructueux que l'avait été le nôtre.

A la suite de ce second échec nous tînmes un nouveau conseil. Fallait-il, nous partageant en deux divisions, dont l'une prendrait par le nord et l'autre par le sud, parcourir le littoral entier de l'île en nous donnant rendez-vous à la ville de Zanzibar ?

Ou bien encore ne convenait-il pas mieux de traverser l'île du levant au couchant, et de nous rendre tout simplement auprès du gouverneur Yacout pour le prier de nous confier un bateau et de visiter ensuite le rivage de la Grande-Terre ?

Ce plan, sans nos malheureux antécédents, eût été, certes, le plus logique ; mais Yacout, dont nous avions retenu prisonniers les douaniers, mitraillé les soldats et coulé les daws, aurait-il assez de magnanimité et de grandeur d'âme pour oublier et pardonner, en présence de notre malheur, ses griefs contre nous ?

Cela nous paraissait douteux.

N'importe ! le devoir doit parler plus haut que la crainte, nous adoptons ce dangereux projet. Et puis, qui sait? peut-être Yacout ne nous reconnaîtra-t-il pas?

Voilà donc, malgré les objections du capitaine, une résolution bien arrêtée ; nous nous mettrons en route le lendemain.

Dès que les Arabes eurent terminé leurs prières du soir, nous nous rendîmes chez le bon vieillard à la barbe blanche dont j'ai déjà parlé, et qui semblait exercer une grande autorité sur les autres habitants de la bourgade.

« Mes amis, nous dit-il après nous avoir écoutés avec la plus extrême attention, Dieu vous récompense de la bonne intention que vous avez eue. L'on m'apprend à l'instant que des infidèles, — je voulais dire des étrangers naufragés, — viennent de débarquer vers ce côté de l'île. »

Et le vieillard, en parlant ainsi, nous désignait le nord-ouest.

« Je ne doute nullement que ces hommes ne soient les compagnons que vous cherchez. Si vous voulez partir demain matin, au lever du soleil pour aller les rejoindre, je vous donnerai un guide. Je dois cependant vous avertir que ce voyage par terre vous présentera quelques dangers. Vous aurez à traverser une forêt peuplée de bêtes féroces. Mais qu'importe! notre destinée n'est-elle pas écrite? nous est-il possible de l'éviter? »

On concevra sans peine les véritables transports de joie que nous causa cette heureuse nouvelle ; nous n'étions pas fâchés non plus d'éviter de nous retrouver avec Yacout. Quant à cette forêt, refuge des tigres et des serpents, inutile de dire que cela ne nous préoccupait nullement. Il fut convenu à l'unanimité que le lendemain nous nous mettrions en route un peu avant le lever du soleil.

Le reste de la journée se passa pour nous en visites et en adieux ; nous allâmes voir tous les Arabes de la bourgade qui nous avaient accueillis dans notre malheur avec tant de générosité, et qui semblèrent ne se séparer de nous qu'à regret.

Ce devoir accompli, nous offrîmes au vieillard à la barbe blanche, dont le nom était quelque chose comme Mocrani, le canot de la *Doris;* quoique ce présent dût lui être fort agréable et lui fût d'une grande utilité, il ne nous en remercia que par un simple signe de tête.

Enfin, après une nuit que l'espérance de revoir bientôt nos compagnons nous fit passer sans sommeil, nous nous mîmes en route.

Mocrani nous accompagna jusqu'à près d'une demi-lieue de la bourgade, puis au moment de se séparer de nous, s'adressant au guide qu'il nous avait donné :

« Embaruck, lui dit-il en lui remettant un collier de corail, voici ton talisman. Tu n'auras qu'à le montrer si on t'arrête, et il ne te sera rien fait. »

Quant à moi, j'avouerai que ma douleur de me séparer de mes hôtes n'était pas tellement profonde et ne m'absorbait pas à un tel point qu'elle m'empêchât de remarquer que nous nous mettions en route sans provisions et sans vivres ; seulement les Arabes s'étaient montrés si généreux à notre égard, que j'hésitai longtemps avant d'oser aborder ce sujet avec Mocrani.

Cependant, une fois qu'il nous eût donné sa bénédiction, au moment où il allait se séparer à tout jamais de nous, je l'arrêtai par son pagne.

« Généreux hôte, lui dis-je, pardonne à mon indiscrétion, mais j'ai été si rudement éprouvé et j'ai tellement souffert que tu comprendras mes craintes.

— Parle, mon fils, je t'écoute.

— Tu nous a comblés de tes bienfaits, mais tu me parais oublier que nous allons entreprendre un voyage de trois jours, car tu ne nous donnes pas de vivres... »

Mocrani sourit doucement, et élevant lentement le doigt vers le ciel :

« Je pense sans cesse à Dieu, me dit-il. Fais comme moi, et tes inquiétudes cesseront. Quel est l'être animé dans toute la nature qui succombe à la faim ? Il n'y en a pas. Qui s'intéresse au sort des insectes et des oiseaux ? Personne. Cependant ils vivent. Pourquoi donc celui qui nourrit le tigre et l'abeille t'abandonnerait-il, toi qui es un homme ? Cela est peu probable. Adieu ! »

L'Arabe, après avoir plagié ainsi, sans s'en douter, certes, les vers de Racine,

> Aux petits des oiseaux il donne la pâture,
> Et sa bonté, etc.

nous bénit une seconde fois, et, nous adressant un dernier adieu, il reprit le chemin de sa bourgade.

Quoique la manière toute miraculeuse dont j'avais échappé au désastre de la *Doris* eût dû m'inspirer une confiance entière dans la Providence, je ne pouvais m'empêcher d'éprouver une vive inquiétude en songeant à la durée de ce voyage que nous entreprenions avec si peu de ressources, c'est-à-dire sans provisions et sans armes.

Tant que nous cheminâmes sur la partie sablonneuse avoisinant le rivage, aucun obstacle ne s'opposa à notre marche, mais une fois que le sol, commençant à changer de nature, devint rocailleux, et que les hautes futaies remplacèrent les plantes molles et rares de la plage, nous nous trouvâmes en proie à un supplice auquel nous n'avions pas songé.

Nos pieds nus (car nous avions perdu nos chaussures), peu habitués à fouler les ronces et les pierres, ne tardèrent pas, horriblement déchirés et sanglants, à nous occasionner de telles souffrances, que nous dûmes nous arrêter.

Quoique notre guide ne nous fît aucune observation, nous pûmes voir à l'air surpris de son visage et au sourire de mépris qui passa sur ses lèvres, combien il s'étonnait que la peau des infidèles ne fût pas plus solide.

La première chose qui frappa mes regards fut un groupe d'Arabes.

Enfin, après nous être fait tant bien que mal des espèces de bottines avec des morceaux de nos pagnes, nous nous remîmes en route.

Après une étape de deux heures, nous atteignîmes une misérable petite bourgade située sur le bord opposé d'une rivière qui nous barra le passage.

Notre guide nous dit de l'attendre, puis, se jetant à l'eau, il parvint en trois ou quatre brasses sur la rive opposée. Cinq minutes plus tard il nous rejoignait en bateau.

Les habitants de cette bourgade, tous pêcheurs, prévenus probablement par notre guide Embaruck, nous accueillirent avec une grande bienveillance et nous servirent, du moins quant à la quantité, — ce qui était l'essentiel pour nous, — un excellent repas.

Les huttes, ou, pour être plus exact, les antres souterrains qui servaient d'habitation à ces Arabes, présentaient l'aspect d'une profonde misère : ces huttes étaient recouvertes par un toit en feuilles de palmier qui descendait jusqu'à terre, et ne laissait pénétrer à l'intérieur qu'un mince filet de lumière.

Quant à leur ameublement, quelques peaux, soit de tigres, soit de bœufs, mal tannées et jetées sur un sol inégal et crevassé; trois pierres placées triangulairement dans un des angles, et qui représentaient la cuisine; quelques pagnes usés et sales, suspendus à des chevilles en bois, enfin quatre ou cinq *panelles* en terre et un grand nombre de calebasses, et c'était tout.

Après nous être bien restaurés, nous nous remîmes en route; il pouvait être alors six heures.

En sortant de ce village, nous entrâmes dans une prairie comme de ma vie je ne me souviens d'en avoir vu une pareille. C'était la réalisation en miniature du paradis terrestre.

Des massifs de fleurs, qui toutes m'étaient inconnues et exhalaient un parfum enivrant, un gazon d'émeraude, des oiseaux fabuleux, aux cris étranges, aux plumages bizarres et splendides, frappaient partout nos regards.

A l'extrémité de cette prairie, l'on apercevait une forêt dont les ombres noires et épaisses obscurcissaient à une grande distance le tapis de verdure sur lequel elles se projetaient.

« Je suis certain que cette forêt doit renfermer du gibier de toute espèce, dis-je à M. Liard. Combien je regrette que nous n'ayons pu sauver du naufrage de la *Doris* au moins un fusil ! de quelle immense ressource cela nous serait en ce moment !

— Pourvu toutefois que les tigres et les serpents ne composent pas à eux seuls tout ce gibier, me répondit le capitaine. Je ne sais comment cela se fait, mais la vue de cette masse sombre de verdure a quelque chose de mystérieux et d'imposant tout à la fois, qui, — vous allez vous moquer de moi, — m'inspire une crainte superstitieuse qu'il me serait impossible au reste, je l'avoue, de définir.

— Parbleu ! capitaine, vous m'y faites songer. Cette forêt ne serait-elle pas celle dont notre hôte Mocrani nous a parlé?

— En nous avertissant qu'elle était peuplée de bêtes féroces? Oui, ce doit être cela. Interrogez le guide, vous, Garneray, qui hachez l'arabe. »

J'appelai aussitôt, pour me conformer au désir du capitaine, Embaruck, qui marchait à quelques pas en avant de nous.

« Mon ami, lui demandai-je, ne crains-tu rien ?
— Qu'ai-je à craindre? me répondit l'Arabe.
— Mais les tigres et les serpents qui se trouvent, à ce qu'il paraît, en grand nombre dans cette forêt.
— Oui, c'est vrai, dit Embaruck, cette forêt renferme dans son sein tout l'esprit du mal de l'île de Zanzibar. On y a vu des serpents d'une longueur extraordinaire.
— Vraiment ! et de quelle longueur à peu près?
— Arrêtez-vous un moment, me dit l'Arabe, je vais vous en donner une idée. »

Embaruck, après avoir prononcé ces paroles, s'éloigna de moi à grands pas, puis, s'arrêtant bientôt et se retournant de mon côté :

« Les serpents, parmi les gros, sont à peu près de cette dimension, me dit-il.
— Ah ! diable ! m'écriai-je avec un effroi involontaire et que je ne pus maîtriser, savez-vous bien, capitaine, que l'espace qui me sépare du guide, et qui, d'après lui, représente la longueur des serpents, est bien de quarante pieds ? »

Les deux frères Fleury, Ducasse et M. Liard ouvraient des yeux effarés, et, absorbés par leurs pensées, qui devaient être les mêmes que celles qui m'occupaient, gardaient un éloquent silence.

« Enfin, que faire, mes amis? repris-je. Puisque nous devons forcément traverser cette forêt, à quoi bon nous désoler à l'avance ?
— Dame! lieutenant, me répondit Ducasse, c'est que ces serpents sont bien gros, et que nous, nous sommes bien maigres; à nous cinq, nous présenterions à peine un repas confortable pour l'un d'eux.
— Bah ! Ducasse, du courage ! Après tout, vous

savez que les Arabes sont portés à l'exagération. Peut-être bien notre guide a-t-il décuplé la grandeur de ces monstres.

— Oui, lieutenant, c'est encore possible; mais ça ne fait rien, j'éprouve une crainte extraordinaire à entrer dans ce maudit bois. Enfin, comme vous le dites, qu'y faire? Marchons donc, et marchons vite. »

Lorsque, quelques minutes plus tard, nous atteignîmes la redoutable forêt, nous nous arrêtâmes tous les cinq par un mouvement irréfléchi et spontané ; notre guide nous imita.

« Eh bien ! Embaruck, lui dis-je, il paraît que tu n'es pas plus partisan que nous des serpents, car je te vois hésiter.

— Ce ne sont pas les serpents que je redoute...

— Ah! tu m'y fais penser : j'ai oublié, en effet, de t'interroger sur les tigres. J'aime à croire, qu'ils ne le cèdent en rien en beauté et en dimension.

— Ils sont nombreux, forts et très grands, dit le guide en m'interrompant, mais comme ils ont du gibier à discrétion et qu'ils ne ressentent jamais les atteintes de la faim, il est rare qu'ils attaquent les hommes.

— Alors d'où peut venir ta pâleur et ton émotion, — car tu es pâle et ému, Embaruck, — si tu ne crains pas les attaques des serpents et des tigres? Cette forêt renfermerait-elle donc d'autres animaux plus dangereux et plus terribles encore que ceux-ci ?

— Non, mais elle renferme Macao.

— Qu'est-ce que c'est que cela, Macao ? »

Le guide, plongé dans de profondes réflexions, soit qu'il n'eût pas entendu ma question, soit qu'il ne jugeât pas à propos d'y répondre, garda le silence.

Enfin, secouant bientôt sa tête comme pour chasser de devant ses yeux une image importune et effrayante, il sortit de dessous son pagne le talisman, c'est-à-dire le collier en corail que lui avait remis Mocrani en nous quittant, et reprenant sa course :

« Dieu est grand et Mahomet est son prophète ! dit-il comme se parlant à lui-même. Et puis, à quoi bon fuir notre destinée ? Ne nous suit-elle pas partout ? »

Embaruck, après avoir murmuré cette maxime, essentiellement musulmane, entra résolument dans la forêt ; nous le suivions en nous rapprochant instinctivement les uns des autres. Pendant le premier mille que nous franchîmes, émus par le moindre frôlement de branches, par la chute d'une feuille, par le bruit de nos propres pas, nous gardâmes un profond silence.

Quant à moi, je réfléchissais à l'effroi qu'avait montré notre guide en prononçant ce nom de Macao, et je me torturais en vain l'esprit pour deviner ce que ce nom pouvait signifier.

Peu à peu cependant l'admirable et riant spectacle que nous présentait l'intérieur de la forêt, alors égayée par le chant des innombrables oiseaux qui perchaient sur les branches touffues de ses arbres gigantesques ; la vue des plantes phénoménales dont je n'avais jusqu'à ce jour pas même soupçonné l'existence, enfin la tranquillité profonde qui régnait autour de nous, finirent par dissiper nos terreurs, et nous en fûmes bientôt à nous moquer de nos appréhensions et à les tourner en ridicule.

VII

Terreur. — Un homme singulier. — Effets d'un talisman. — Rencontre inopinée. — Récit de François et de Fignolet. — Espoir réalisé.

Peu à peu aussi, notre petite troupe, d'abord serrée, se débanda, et nous reprîmes chacun l'allure qui nous convenait le mieux. Si ce n'eussent été nos traits amaigris par les privations que nous avions endurées, nos teints hâlés, nos barbes incultes et nos vêtements en lambeaux, nous eussions plutôt ressemblé à des écoliers en train de faire l'école buissonnière qu'à des matelots naufragés. En effet, attirés et distraits à chaque instant par la vue ou par l'apparition d'une plante merveilleuse ou d'un insecte inconnu, nous abandonnions à toute minute le sentier que nous suivions pour satisfaire notre curiosité.

Nous avancions ainsi vagabondant et heureux, lorsqu'un bruit de branches froissées nous fit arrêter court. Avant que nous eussions eu le temps de nous rapprocher les uns des autres, un chevreuil suivi de son petit passa en gambadant tout à côté de nous.

« Ah ! quel bon repas ! » s'écria Ducasse, qui marchait en avant.

Le chevreuil, comme s'il eût compris cette exclamation si pleine de regret, et, nous prenant en pitié, eût voulu nous laisser réaliser notre souhait, s'arrêta à deux pas au plus du Bordelais et se mit à le regarder d'un air curieux et effaré tout à la fois.

L'occasion était trop belle pour que l'on pût y résister : le matelot s'élança aussitôt sur l'animal ; mais, hélas ! avant qu'il eût pu l'atteindre, celui-ci prit un élan subit et retomba en bondissant dans l'intérieur de la forêt.

« Égoïste ! » s'écria Ducasse, qui, furieux de manquer une pareille aubaine, lui lança de toute sa force un bâton qu'il tenait à la main. Le chevreuil évita sans peine ce projectile, et, se glissant dans les fourrés, il disparut. Toutefois une espèce de cri plaintif s'était fait entendre.

« Hourra ! victoire, les amis ! s'écria Ducasse ; j'ai blessé le petit ! Dieu du ciel ! quel souper pour ce soir ! »

En effet, le bâton du Bordelais avait atteint dans les jambes le petit chevreuil, qui était tombé sur le coup et gisait au milieu d'une touffe épaisse de grosses plantes.

En deux enjambées Ducasse rejoignit le pauvre animal ; mais à la vue d'un homme, cet être qu'il ne connaissait probablement pas encore et qui l'avait si maltraité, le petit chevreuil, effrayé, parvint à se relever et s'éloigna, moitié en se traînant, moitié en sautillant.

Ducasse se mit à sa poursuite.

« Rappelez votre ami, nous dit le guide Embaruck,

qui avait assisté sans mot dire à cette scène de chasse d'un nouveau genre; il pourrait se perdre dans la forêt. »

Nous nous empressâmes d'obéir à ce conseil.

« Attendez, il n'en peut plus..., je le tiens, » nous répondit Ducasse, que nous ne pouvions plus apercevoir, caché comme il l'était par des broussailles et des branches, mais dont la voix claire et distincte nous prouvait que vingt pas à peine nous séparaient de lui.

Affriandés par la perspective de l'excellent souper que nous promettait la possession du jeune chevreuil, et rassurés par la faible distance qui se trouvait entre Ducasse et nous, nous suspendîmes nos cris pendant environ une minute.

« Mais rappelez donc votre ami, ou c'est un homme mort! nous dit Embaruck avec énergie. Il va se perdre. »

L'Arabe prononça ces paroles avec une telle conviction que nous nous hâtâmes de lui obéir; nous nous mîmes de nouveau à appeler Ducasse.

Quelques secondes s'écoulèrent sans nous apporter une réponse; enfin, au moment où nous allions redoubler, la voix du matelot arriva jusqu'à nous, mais tellement affaiblie par la distance, que nous ne pûmes distinguer ce qu'il nous disait.

Notre guide leva alors les épaules d'un air de mauvaise humeur, puis se retournant vers nous :

« Vous autres infidèles, vous êtes des enfants, nous dit-il; vous n'avez pas voulu suivre mes conseils et mettre à profit mon expérience, vous ne reverrez plus cet homme. »

Ces paroles nous causèrent, on doit le concevoir, une émotion profonde.

« Quel danger court-il donc? demandai-je à l'Arabe,

Crains-tu qu'il ne devienne la proie de quelque tigre ou de quelque serpent ?

— Oh! si ce n'était que cela, je ne le plaindrais pas. Le sort qui l'attend est bien autrement affreux. Un tigre, d'un coup de sa patte vous écrase le crâne; un serpent, avec un pli de ses anneaux, vous brise le corps, et tout est fini; tandis que la faim, lorsqu'elle s'attache à vous, ne vous fait pas grâce dans son agonie d'une seule souffrance. Dans six à sept jours votre ami sera mort de faim. Mais rien que dans six à sept jours, je te le répète. Juge, d'ici là, quels tourments il devra endurer.

— Ce que tu dis là est impossible, m'écriai-je en sentant un frisson me passer le long du corps; Ducasse va revenir.

— Non, il ne reviendra pas! Un homme perdu dans cette forêt que nul humain n'a osé fouler encore, ne peut revenir. Toi qui es un marin, crois-tu qu'un naufragé puisse au milieu des mers retrouver son chemin? Non, n'est-ce pas? Eh bien, comment voudrais-tu donc qu'un homme dans une mer de verdure pût accomplir ce qui est au-dessus des forces de celui-là ? Tu ne reverras plus ton ami; crois-moi, nous pouvons nous remettre en route. »

On conçoit que, malgré cette sinistre assurance d'Embaruck, nous ne voulûmes pas suivre son conseil.

Réunis tous les quatre à l'endroit même du sentier où Ducasse était entré dans la forêt, nous nous exténuâmes pendant plus de deux heures à jeter aux échos nos cris prolongés et déchirants : un silence de mort régnait autour de nous.

Enfin il nous fallut nous rendre à l'évidence ; Embaruck avait raison.

Côte orientale de Zanzibar.

Ce n'est pas toutefois sans une émotion profonde, après nous être bien convaincu de l'inutilité de nos efforts, que nous nous décidâmes à nous remettre en route ; nous étions tous émus jusqu'aux larmes.

Pendant l'heure qui suivit cet affreux malheur, nous continuâmes à marcher en silence. Nos pensées étaient tellement tristes et désespérées, que nous n'osions nous les communiquer.

De temps en temps nous nous arrêtions malgré nous pour essayer de fouiller d'un regard explorateur l'intérieur de la forêt ; mais la masse sombre et serrée de feuillage qui s'élevait de chaque côté du sentier comme deux murailles impénétrables, rendait nos tentatives complètement vaines et inutiles.

Le soleil, autant que nous pouvions en juger en l'apercevant à la dérobée à travers quelques éclaircies produites par des arbres que la foudre avait dû renverser était alors à plus de la moitié de sa course, et il y avait plus de quatre heures que nous avions perdu l'infortuné Ducasse, lorsqu'un cri que je n'oublierai jamais retentit dans la forêt à quelques pas du sentier que nous suivions.

A ce cri, qui tenait à la fois de la bête féroce et de l'homme, nous nous arrêtâmes surpris et épouvantés. Notre guide Embaruck, tremblant et les yeux hagards, semblait en proie à une frayeur extrême.

« Quel est ce cri ? lui demandai-je avec émotion.

— C'est Macao, me répondit-il. Que Dieu nous protège ! s'il n'allait plus reconnaître le talisman ! »

Embaruck, en prononçant ces paroles, s'empressa de retirer de dessous son pagne le collier en corail que lui avait remis Mocrani en prenant congé de nous.

Notre attente ne fut pas de longue durée. Bientôt une espèce de hurlement sauvage, suivi immédiatement d'un froissement de branches, produit, on le devinait, par une course désordonnée, se fit entendre; puis, presque au même instant, nous vîmes apparaître à une dizaine de pas en avant de nous, dans le sentier, un nègre presque nu, de proportions herculéennes et armé d'un bâton noueux.

La chevelure énorme et hérissée de l'Africain, l'expression de férocité qui plissait en la relevant sa narine, ses yeux démesurément ouverts, sa grosse lèvre inférieure pendante qui laissait apercevoir une rangée de dents blanches et effilées comme celles d'un requin, faisaient de cet homme ou de cette espèce de brute quelque chose de hideux et d'épouvantable.

Je devinai, à l'incroyable légèreté avec laquelle il tournait sa massue, — car son bâton pouvait bien passer pour une massue, — qu'il prenait son élan pour la lancer sur nous et que cet exercice lui était familier.

Cette apparition avait naturellement pris dix fois moins de temps à se produire que je n'en mets à la raconter.

« Macao, s'écria notre guide Embaruck en étendant vers le nègre le collier de corail qu'il tenait à la main. Mocrani m'a chargé de te dire qu'il pense toujours à toi et qu'il désire ton bonheur. »

La vue du collier de corail produisit un effet extraordinaire sur le sauvage.

La fureur qui l'animait tomba comme par enchantement; ses traits se détendirent et reprirent leur expression habituelle.

« Dis au bon Mocrani que je le remercie et que je

pense souvent à lui, » répondit-il en mauvais arabe, après un moment de réflexion.

Le timbre de sa voix me fit mal : on devinait, en entendant parler cet homme, que depuis longtemps son gosier était déshabitué de donner passage à des sons humains.

Macao, après avoir fait cette réponse, se disposait à rentrer dans la forêt; mais Embaruck, alors rassuré, le retint :

« Il y a un blanc, un ami de Mocrani, qui vient de se perdre, lui dit-il; si tu le rencontres et que tu le remettes dans son chemin, cela fera plaisir à Mocrani. »

Le nègre fit un signe de tête affirmatif, signifiant qu'il voulait bien accepter cette mission; puis, nous regardant de nouveau avec de grands yeux brillants, il prit son élan et disparut bientôt dans la forêt.

Cette scène s'était passée si rapidement et nous avait impressionnés si vivement, que nous fûmes quelques instants, après que l'Africain eut disparu, sans prononcer une parole. Enfin, m'adressant à notre guide :

« Quel est donc ce nègre, et que nous voulait-il? lui demandai-je.

— Ce nègre, c'est Macao; ce qu'il voulait, c'était vous tuer.

— Pourquoi cela? Que lui avions-nous donc fait?

— Rien; mais il déteste tous les hommes depuis son malheur.

— Son malheur, qu'entendez-vous par là?

— Oh ! c'est toute une histoire.

— Eh bien, racontez-nous-la en marchant, elle nous aidera à supporter la fatigue du chemin.

— Volontiers, quelques mots me suffiront : Macao était libre, lorsqu'à la suite d'un procès que lui suscita le gouverneur de Zanzibar, Yacout, il perdit injustement sa liberté. Macao se soumit sans se plaindre à sa nouvelle condition, lorsque, il y a de cela environ un an, Yacout vendit à un négrier la femme du malheureux. Je ne puis vous exprimer la douleur, le désespoir, la colère que Macao éprouva à cette nouvelle. Il fut se jeter aux pieds du gouverneur, et lui demanda en pleurant de ne pas le séparer de sa femme. Yacout, non seulement resta sourd aux prières du misérable mais il le fit même fouetter cruellement.

« Le lendemain de cette exécution, le négrier qui avait acheté la femme de Macao mit à la voile, et ce dernier disparut sans que l'on pût se douter du refuge qu'il avait choisi, ni par conséquent le poursuivre.

« Ce fut à cette époque qu'un nègre, le corps horriblement déchiré par les morsures du fouet, vint demander l'hospitalité à Mocrani, qui l'accueillit sans lui faire de questions et le traita comme s'il eût été son fils ou son frère. Quelques jours plus tard, des soldats de Yacout vinrent cerner l'habitation de Mocrani pour s'emparer de ce nègre, qui n'était autre, je n'ai pas besoin de vous le dire, que Macao. Mocrani, fidèle aux devoirs de l'hospitalité, refusa d'obéir à cet ordre, appela toute notre bourgade, dont il est le chef, à son secours, et se disposa à repousser la force par la force.

« — Frère, lui dit le nègre, je ne veux point que tu t'exposes pour moi. Laisse-moi faire, je saurai bien me tirer à moi seul de cette mauvaise position, seulement n'oublie point une chose, c'est qu'à partir de ce moment, tous les hommes sont mes ennemis, tous excepté toi, dont je n'oublierai jamais la généreuse hospitalité, et tes amis, que je respecterai en souvenir de ta bonté pour le malheureux Macao. »

« Le soir même de ce jour, l'Africain, armé d'un coutelas, se jeta à corps perdu sur les cinq ou six soldats envoyés par Yacout pour l'arrêter, en tua deux, mit les autres en fuite et disparut lui-même.

« Ce ne fut que quinze jours après que l'on en entendit parler : on sut que, réfugié dans cette forêt que nous traversons en ce moment, il attaquait et massacrait impitoyablement tous les voyageurs qu'il rencontrait.

« Toutefois, et malgré la terreur qu'il répandait, Mocrani, qui se connaît en hommes, prétendait que Macao respecterait ceux qui invoqueraient auprès de lui son nom. Une fois, un Arabe de notre bourgade, devant traverser la forêt, s'adressa à Mocrani et le pria de le protéger auprès de Macao.

« — Prends ce collier de corail, lui dit Mocrani, il a appartenu à la femme de l'Africain, et celui-ci me l'a donné comme étant ce qu'il possédait de plus précieux sur la terre; s'il t'attaque, montre-le-lui; prononce mon nom et ne crains rien, il ne te fera pas de mal. »

« L'Arabe, confiant dans la parole de Mocrani, partit aussitôt; ce que notre chef lui avait prédit se réalisa de point en point. Macao s'élança sur lui en brandissant sa massue, dont, soit dit en passant, il se sert avec une adresse et une vigueur extraordinaires; mais à la vue du talisman et au nom de Mocrani sa fureur tomba tout de suite.

« — Que Mocrani soit béni ! » dit-il à l'Arabe en rentrant dans la forêt.

« Depuis lors, chaque fois que l'un de nous doit parcourir le chemin que nous faisons en ce moment, il demande le collier de corail à Mocrani et part sans crainte. Tu as pu voir tout à l'heure par toi-même que nous avons raison de nous fier à la parole et à la reconnaissance de Macao. »

L'histoire racontée par notre guide nous avait vivement intéressés, mais la diversion qu'elle opéra dans notre esprit ne fut pas assez forte pour éloigner de notre pensée le souvenir de notre pauvre Ducasse. Poursuivis par cette triste idée, nous continuâmes le reste de la journée à garder le silence.

Il pouvait être environ sept heures du soir lorsque nous sortîmes de la forêt; ce ne fut pas sans une vive satisfaction que nous laissâmes derrière nous cette sombre et mystérieuse masse de verdure, qui servait de refuge à tant de tigres féroces, à tant de serpents monstrueux.

Aujourd'hui que les événements qui ont marqué cette lugubre époque de ma vie sont loin de moi, je voudrais bien avoir été attaqué par quelque gigantesque boa, afin de pouvoir rapporter au lecteur ce combat étrange; mais je l'ai déjà dit quelque part dans ces mémoires, et je le répète ici sans crainte de m'attirer un démenti, je ne sais pas, ou, pour être plus exact, je ne puis pas inventer le moindre fait; j'éprouve déjà bien assez de difficulté à raconter simplement ce que j'ai vu, sans vouloir compliquer la vérité par la fantaisie.

Pour ne pas fatiguer le lecteur par le récit de notre voyage à travers l'île de Zanzibar, voyage qui n'aurait quelques charmes que s'il était reproduit, non par une plume même expérimentée, mais par un habile pinceau, je passerai sous silence les petits incidents assez insignifiants qui remplirent pour nous nos deux dernières journées.

Toutefois je ne dois pas oublier de reconnaître que

nous rencontrâmes partout la même générosité qui nous avait accueillis lors de notre naufrage.

Enfin, le troisième jour, vers les quatre heures du soir, nous entendîmes un long murmure : c'était le bruit de la mer. Nous avions traversé l'île et ne nous trouvions guère éloignés que de deux lieues au nord de la capitale de l'île de Zanzibar.

Que l'on juge de notre émotion quand, après une nouvelle heure de marche, nous aperçûmes sous un hangar qui s'élevait solitaire sur la plage, à côté d'une espèce de cabane de pêcheur, deux matelots européens couchés sur le sable. Poussant un cri de joie, nous prîmes notre élan vers eux :

« François Combaleau ! Fignolet ! »

Nous tombâmes dans les bras les uns des autres. Hélas ! quel changement s'était opéré dans le pauvre François ! D'une maigreur de squelette, les yeux animés d'un feu sombre, la jambe gauche enflée et enveloppée dans un morceau de toile, il ne ressemblait plus en rien au joyeux et vigoureux matelot dont la gaieté, le courage et l'énergie ne se démentaient jamais. Il avait vieilli en moins de deux semaines de plus de vingt ans.

Quant à Fignolet, c'était tout autre chose : frais et vermeil comme s'il eût vécu de la façon la plus heureuse, la catastrophe qu'il venait de subir n'avait pas laissé une seule trace sur son visage.

Après bien des paroles perdues, bien des questions interrompues et des réponses entrecoupées d'exclamations, nous finîmes enfin par nous entendre. Combaleau nous raconta la terrible histoire des hommes restés à bord de la *Doris*, et dont lui et Fignolet étaient les seuls survivants.

S'il me fallait rapporter ici cette narration, elle tiendrait au moins un volume ; je me contenterai donc de la résumer en très peu de lignes.

« Les nègres, nous dit François, après votre départ dans le canot, tombèrent dans un profond abattement ; et au lieu de songer, comme cela m'avait d'abord paru être leur intention, à s'en prendre à nous de leur malheur, ils vinrent nous demander avec des larmes et des cris de les sauver. « Aidez-nous, et je réponds de « vous tous, » leur dis-je. Nous nous mîmes aussitôt à la besogne.

« Sous la direction du maître charpentier Martin, nous amarrâmes ensemble toutes les mâtures de rechange qui composaient la drôme, le guy, la corne, les deux basses vergues et la civadière ; cela nous faisait onze pièces de résistance. Une fois ce premier plan construit, et il le fut avant la fin du jour de votre départ, nous étions assurés d'avoir la base d'un bon radeau. Nous dormîmes donc plus tranquilles. En effet, le lendemain au soir notre travail était tout à fait achevé. Voilà où commencent nos malheurs : pendant quatre jours entiers, réfugiés sur ce radeau, nous restâmes à attendre qu'un souffle de brise nous permît de nous éloigner de la *Doris* ; mais le calme le plus plat que j'aie jamais vu ne cessa de régner.

« Par bonheur que les nègres avaient happé au passage quelques sacs de biscuits que la mer entraînait, et qui nous permirent de ne pas mourir de faim ; seulement les nègres, affamés et impatients, pendant que nous faisions, nous autres, sécher notre biscuit, avalaient le leur, et Dieu sait en quelle quantité, tout imprégné d'eau de mer. Il arriva alors ce qui devait arriver, c'est-à-dire que les Africains, pris bientôt de vomissements atroces et d'une dysenterie épouvantable, commencèrent à mourir comme des mouches. Le malheur voulut alors qu'un tonneau d'eau-de-vie leur tombât entre les mains. Inutile d'ajouter quel emploi ils en firent ; qu'il vous suffise de savoir que quatre jours plus tard, de trente-deux nègres qui se trouvaient sur notre radeau, dix seulement n'étaient pas encore morts, ceux-là succombèrent le lendemain, et, ayant jeté leurs corps à l'eau, nous nous retrouvâmes entre amis.

— Et Périn, et Martin, et Boubert ? m'écriai-je.

— La suite de mon récit vous apprendra quel fut leur sort, me répondit François. Mais, au fait, continua-t-il, à quoi bon vous raconter toutes ces choses ? elles m'attristent, me donnent la fièvre et ne peuvent rien changer aux événements passés. J'aime mieux en finir en quelques mots. Eh bien, après avoir passé huit jours sur le radeau, nous aperçûmes, Fignolet et moi, — car ce fut le premier jour que mourut Martin, le dernier survivant de nos camarades, — nous aperçûmes, dis-je, une barque de pêcheurs que nous hélâmes, qui vint à notre secours et nous mit à terre, et voilà ! »

En remarquant l'air de profonde tristesse et de souffrance que ces cruels souvenirs avaient amené sur le visage de François, nous n'insistâmes pas pour obtenir de lui de plus amples renseignements. Nos compagnons étaient, hélas ! morts de fatigue et de faim. Cela ne suffisait que trop à notre curiosité ; à quoi bon nous eût servi la peinture de leurs cruelles souffrances ?

« Et toi, Fignolet, dis-je au novice, comment se fait-il que tu aies pu résister ?

— Moi, lieutenant, me répondit-il en rougissant, cela se conçoit sans peine : habitué par les gens de l'équipage, qui me flibustaient les trois quarts du temps mes rations, à jeûner presque toujours, je ne me suis presque pas aperçu que je mourais de faim, et cela ne m'a pas maigri, comme vous le voyez.

— Je crois bien! s'écria François : ce singe de Fignolet avait mis en réserve, — au moins je l'en ai toujours soupçonné, — un morceau de lard et de biscuit, et la nuit, pendant que nous tirions la langue, il grignotait tout à son aise ses petites provisions.

— Moi! s'écria Fignolet. Ah! François, c'est bien mal ce que vous dites là. Je n'avais pas de lard...; c'était un jambon! »

Comme nous étions harassés de fatigue, nous souhaitâmes le bonsoir à François, et, nous étendant à ses côtés sous le hangar qu'un pêcheur arabe lui avait prêté, et où il demeurait, — si on peut appeler cela demeurer, — depuis deux jours, nous ne tardâmes pas à nous endormir d'un profond sommeil.

Je fus le lendemain matin le premier debout; ne voulant pas réveiller mes compagnons, je me levai sans bruit et m'en allai faire un tour sur la plage.

« Lieutenant, me dit Fignolet en courant après moi, voulez-vous venir m'aider dans ma chasse?

— Quelle chasse, illustre Fignolet ?

— Celle que je fais depuis deux jours aux œufs de tortue. J'en déniche au moins une vingtaine tous les matins. C'est joliment bon, l'œuf de tortue, surtout quand la tortue commence à se former. Vous verrez.

— Volontiers, Fignolet, m'écriai-je, ravi de cette ressource sur laquelle je ne comptais pas. Reçois tous mes compliments pour ton intelligence. Je ne t'aurais jamais soupçonné de tant d'esprit.

— Oh! lieutenant, vous êtes bien bon ! Je sais bien que je suis un sot, seulement, comme j'ai toujours faim, ça me donne des idées, et je finis souvent par trouver quelque chose. »

En effet, Fignolet ne m'avait pas trompé; après un quart d'heure de marche tout au plus, je le vis, avec la certitude du flair d'un vrai chien de chasse, se jeter par terre à plat ventre, remuer un peu le sable et me montrer d'un air triomphant un nid d'œufs.

J'allais lui adresser mes félicitations, quand mon regard, en parcourant instinctivement l'immensité de l'Océan, aperçut au loin, presque aux dernières limites de l'horizon, comme un petit nuage blanc presque imperceptible, qui attira bientôt toute mon attention et me fit oublier tout à fait l'affamé novice.

Bientôt mes doutes cessèrent et une joie immense me monta au cœur; ce petit nuage blanc était un navire sous toutes voiles, et, qui plus est, — du moins il me parut tel, — un navire européen.

« Fignolet, Fignolet, m'écriai-je, — car le novice était la seule personne à qui je pusse faire part de mon espoir et de mon bonheur, — voici un navire en vue ; viens vite, courons avertir nos compagnons de cette bonne nouvelle.

— Lieutenant, j'en tiens encore un autre ! me répondit Fignolet en se jetant de nouveau avec avidité sur le sable. Oh! ceux-là sont très frais; il y en a douze!

— Il s'agit bien d'œufs de tortue! Ne m'as-tu pas entendu?

— Oui, lieutenant, un navire, je sais : qu'est-ce que ça me fait, à moi? Oh! non, je n'ai jamais rien avalé qui soit agréable et velouté comme ça. Voulez-vous en goûter un peu ? »

Voyant qu'il n'y avait rien à tirer de Fignolet, absorbé dans sa chasse, je le laissai là, puis, prenant mon élan, je me mis à courir de toutes mes forces vers le hangar sous lequel mes amis dormaient toujours.

« Holà ! debout ! m'écriai-je, un navire européen en vue ! »

Le capitaine Liard, les deux Fleury et Combaleau furent loin de montrer le stoïcisme déployé par Fignolet. Ils se levèrent en toute hâte et se précipitèrent, excepté François, qui s'y traîna, vers la plage.

Après un examen de quelques secondes, ils convinrent tous que je ne m'étais pas trompé, ou que du moins toutes les probabilités et toutes les apparences étaient pour l'opinion que je venais d'émettre.

Pendant une heure nous restâmes ainsi, les yeux fixés sur la voile inconnue ; enfin, ce temps passé, le doute ne nous fut plus possible : c'était bien un navire européen que nous apercevions ainsi voguer rapidement vers la terre. Quelle joie ! nous allions donc trouver des secours, pouvoir quitter Zanzibar et retourner dans quelque colonie, peut-être à l'île de France ! Notre bonheur nous étouffait.

Ce fut François qui le premier, rappelé par les exigences de la faim à la vie réelle, sortit de cette extase.

« Mes amis, nous dit-il, voilà l'heure à laquelle les Arabes m'apportent ma nourriture de la journée ; retournons au hangar. »

VIII

Violences — Éloquence de François. — Prison. — Dures épreuves. — Remords et aveux. — Surprise agréable. — Héroïsme de Fignolet. — Évasion.

Comme notre appétit ne laissait pas que d'être fort vif aussi, nous ne fîmes pas répéter cette invitation, et nous nous disposions, après avoir jeté un dernier regard d'espérance à l'horizon et un autre de reconnaissance vers le ciel, à suivre Combaleau, lorsqu'une dizaine d'Arabes, armés de sabres recourbés et de lances, sortant tout à coup de derrière une cahute qui nous les cachait, se précipitèrent sur nous en poussant des cris furieux, nous accablèrent de coups, et enfin, avant que nous eussions eu le temps de nous reconnaître, nous terrassèrent et nous attachèrent les mains.

« Pourquoi cette violence? demandai-je aux Arabes lorsque, revenu un peu de la surprise que m'avait causée cette agression si brutale et si inattendue, je pus enfin parler.

— Tu adresseras cette question au gouverneur Yacout lorsque tu te trouveras en sa présence, me répondit un

Arabe. Quant à nous, nous ne savons rien, sinon qu'il nous a donné l'ordre de vous arrêter morts ou vifs, et que nous avons obéi.

— Ah! diable! lieutenant, me dit Combaleau en se grattant l'oreille, il s'agit de notre mascarade et des dragées de carnaval que nous avons envoyées aux soldats de la douane de Zanzibar; ça va mal. Après tout, quant à moi, ça m'est bien égal que l'on me pende. Je ne mérite pas autre chose.

— Toi, mon bon François! m'écriai-je.

— Ne m'appelez pas bon, lieutenant, me dit-il en m'interrompant. Ça me fait de la peine d'entendre traiter aussi bien un misérable, et, je le répète, un malheureux de mon espèce... Ah! si vous saviez tout... vous me mépriseriez, vous me maudiriez; car, voyez-vous, c'est moi qui suis la cause de la perte de la *Doris*. »

J'allais interroger François, mais les Arabes nous séparèrent alors les uns des autres, et, nous faisant marcher devant eux, interrompirent ma conversation avec Combaleau. Un quart d'heure plus tard nous étions sur la route de Zanzibar.

Quant à Fignolet, grâce à son amour pour les œufs de tortue, il était resté en liberté.

Il était à peu près onze heures lorsque nous fîmes notre entrée à Zanzibar. Un rassemblement considérable d'Arabes se forma aussitôt autour de nous et nous accompagna en nous accablant d'imprécations, à travers la ville, jusqu'à la demeure du gouverneur Yacout.

Cet important personnage, assis sur un divan crasseux, et dont la forme étrange prouvait qu'il était composé de plusieurs meubles divers, nous reçut avec un air courroucé et triomphant tout à fois, de fort mauvais augure.

« Eh bien, chiens, nous dit-il, le Prophète, qui protège les vrais croyants, vous a donc livrés entre mes mains ? Tout le sang immonde qui coule dans vos veines ne pourra jamais racheter une seule goutte de celui que vous avez versé ! Si d'ici à cinq jours vous ne me payez pas une rançon de cinq mille piastres (25,000 fr.), vous serez décapités. Allez. »

Une fois cette sentence prononcée, les espèces de soldats qui nous accompagnaient nous poussèrent brutalement à coups de bois de lance sans nous permettre d'ajouter un seul mot pour notre défense.

Je ne parlerai pas des insultes que nous eûmes à subir pendant ce nouveau trajet à travers la ville. Les Arabes furent impitoyables pour nous et nous firent boire l'humiliation jusqu'à la lie.

Après dix minutes d'une marche qu'elle eut soin d'allonger par d'inutiles détours, afin de bien donner le temps à la foule de nous injurier tout à son aise, notre escorte s'arrêta devant une grande tour ronde et isolée, construite en briques rouges et située en dehors de la ville, à côté d'un minaret qui s'élevait sur une plage au bord de la mer : c'était la prison.

Ce bâtiment, comme presque toutes les maisons de Zanzibar, manquait d'escalier ; une butte de terre battue qui atteignait au premier étage y donnait accès. Le pauvre François, fort grièvement blessé à la jambe, eut toutes les peines du monde à escalader cette espèce de monticule ; les Arabes qui marchaient à ses côtés et derrière lui le frappèrent brutalement plusieurs fois en le voyant trébucher.

Combaleau, les dents serrées et le visage blême de

souffrance et de fureur, ne poussa ni un cri ni une plainte; seulement il murmura cinq ou six fois le mot : Canailles! avec une énergie concentrée qui montrait que si jamais un Arabe lui tombait sous la main, il passerait un moment désagréable avec lui.

Une fois que les Arabes, après nous avoir jetés, pour ainsi dire, dans l'intérieur de la tour, se furent retirés en refermant avec soin l'énorme porte ou fenêtre massive par où nous venions de passer, nous fûmes quelque temps, tant l'endroit où nous nous trouvions était obscur, avant de pouvoir distinguer les objets qui nous entouraient.

Enfin, lorsque nos yeux furent plus habitués à l'obscurité, nous vîmes que notre prison ne nous offrait pour toute ressource que des murs en briques, pas une natte, pas un ustensile, pas même une cruche d'eau ne s'y trouvait. Or, si le lecteur se rappelle que nous allions justement déjeuner lorsque notre arrestation eut lieu, et que par conséquent nous étions à jeun depuis la veille, il comprendra sans peine ce que nous eûmes à souffrir jusqu'au lendemain matin, où les Arabes vinrent seulement pour la première fois nous apporter un peu d'eau et de riz.

Un tourment, — et ce n'était pas le moindre de tous ceux que nous endurions, — se joignait encore à ces privations : c'était celui de l'incertitude où nous étions. L'Arabe qui vint nous apporter nos faibles provisions ne voulut pas, malgré nos supplications et nos prières, répondre à une seule de nos questions. Il se contenta seulement de nous regarder en souriant d'une façon ironique, et que nous interprétâmes comme un mauvais présage pour notre avenir.

Le capitaine Liard, dont, malgré tous nos malheurs,

nous respections toujours le grade et l'autorité, fut chargé de la distribution des quelques poignées de riz que l'on venait de nous donner; il s'acquitta de ce soin avec beaucoup d'impartialité et de justice.

« Merci, capitaine, lui dit Combaleau lorsque M. Liard lui présenta sa ration, je ne mange pas. Vous pouvez reporter ma part à la masse.

— Es-tu donc malade, mon pauvre François?

— Malade, oui, je le suis, c'est vrai; mais ce n'est pas là ce qui m'empêche d'accepter ma ration, car je meurs de faim.

— Eh bien, alors, quel est le motif?

— Ah! capitaine, ne m'interrogez pas, je vous en supplie ! Si je répondais à vos questions, vous finiriez par m'arracher la vérité, et si vous saviez tout, vous me mépriseriez comme le dernier des hommes; pas un de vous ne voudrait plus toucher ma main.

— Tu es fou, François! Allons, laisse là ton projet de jeûne forcé, et prends ta part de riz.

— Jamais, capitaine, jamais ! C'est bien le moins qu'après vous avoir causé, à vous, tant d'embarras, je me punisse moi-même. Mais assez causé, je vais trop loin, suffit. »

François, malgré nos prières, resta inébranlable dans son étrange résolution, et, quoiqu'il fût facile de deviner, aux regards envieux qu'il jetait malgré lui sur les maigres pitances que nous dévorions, la tentation violente qu'il éprouvait de nous imiter et la torture morale qu'il subissait, il nous laissa achever notre repas sans y prendre part.

Cette conduite inconcevable m'avait vivement intrigué, et je me promis d'en avoir l'éclaircissement.

« François, lui dis-je quelques heures plus tard en

allant m'asseoir près de l'endroit où il était couché, dans un coin, à l'écart de nous, vous savez que j'ai toujours eu pour vous autant d'estime que d'amitié. J'aime à croire que vous professez les mêmes sentiments à mon égard, n'est-ce pas?

— Ah! quant à ça, lieutenant, oui.

— Eh bien, alors, puisque nous sommes des amis, pourquoi n'avez-vous pas confiance en moi? pourquoi craignez-vous de me confier vos peines?

— Ah! lieutenant, si vous saviez!... Et au fait, s'écria-t-il tout à coup après un moment de silence, pourquoi donc que je me méfierais de vous? Ça m'étouffe, ce secret, ça m'étouffe!

— Je vous écoute, François. Recevez ma parole que je respecterai votre confiance et que votre secret mourra en moi.

— Vous ferez à cet égard comme bon vous semblera, lieutenant; je n'exige rien de vous. S'il vous paraît juste que je doive être puni de ma faute par le mépris de tout le monde, eh bien! vous raconterez mon malheur à qui voudra l'entendre; sinon... enfin ce sera comme vous voudrez. »

Combaleau, après avoir prononcé ces paroles avec une vivacité qui me fit craindre un instant que les privations et les souffrances n'eussent altéré sa raison, garda un moment le silence, puis il reprit enfin en baissant la voix :

« Lieutenant, me dit-il, savez-vous pourquoi la *Doris* a chaviré, pourquoi nos pauvres amis sont morts sur le radeau, et nous, nous nous trouvons à présent ici sous le coup d'un désagrément? le savez-vous?

— Ces tristes événements ont eu lieu parce qu'ils étaient écrits dans notre destinée.

— Du tout, lieutenant, voilà qui vous trompe. Tout cela est la faute de Combaleau.

— Ta faute, François, es-tu fou?

— Non, lieutenant, j'ai toute ma raison. Écoutez-moi. »

Le matelot s'arrêta de nouveau; puis, se penchant tout contre mon oreille, il reprit à voix si basse, qu'à un pas de nous on n'eût pu l'entendre :

« Savez-vous, quand la *Doris* a été surprise par le grain blanc et a chaviré, qui est-ce qui était à la barre? C'était moi, lieutenant. Or voulez-vous que je vous dise pourquoi nous avons chaviré? Parce que, surpris par la rapidité du grain, et craignant pour la sûreté du navire, j'ai oublié, dans mon empressement, la malheureuse invention du capitaine par rapport à la barre du gouvernail, et qu'au lieu de la mettre au vent pour forcer la *Doris* à prendre vent sous vergue, je l'ai mise dessous.

— Le fait est, François, que c'est sans nul doute à cette méprise qu'il faut attribuer la perte de notre brick. Que voulez-vous! la faute en est, non à vous, qui, dans votre empressement à bien faire, avez suivi vos habitudes et perdu la mémoire, mais bien au capitaine, qui a eu le plus grand tort en faisant monter la barre du gouvernail de façon que les timoniers dussent manœuvrer à l'inverse de ce qu'ils avaient fait jusqu'alors.

— Quoi! lieutenant, vous croyez que le capitaine est plus coupable que moi?

— Mais tu ne l'es pas du tout, je te le répète, mon pauvre Combaleau!

— Vous parlez avec sincérité, là, la main sur le cœur?

— Comme tu dis, avec sincérité, et la main sur le cœur !

— Ah ! lieutenant, s'écria le matelot en élevant la voix, vous me faites un bien !... Vous permettez... »

Combaleau, sans attendre ma réponse, jeta ses bras autour de mon cou et m'embrassa à m'étouffer ; je sentis une larme mouiller ma joue : c'était probablement la première que le rude matelot eût versée de sa vie.

« Parbleu ! lieutenant, reprit-il après que son émotion se fut un peu calmée, faut avouer que j'ai joliment été jobard, puisque je n'étais pas coupable, de me laisser d'abord estropier la jambe et d'abandonner ensuite ce matin ma part de riz.

— A propos, tu m'y fais penser, tu ne nous as pas encore appris comment tu as été blessé.

— Ah ! bien ingénument, lieutenant, par un requin.

— En tombant à la mer, sans doute.

— Du tout, sans quitter le radeau.

« Nous y étions depuis cinq jours, et nous n'avions pas mangé depuis quatre, lorsque le maître charpentier Martin me dit comme ça, en me montrant un des petits requins qui nous suivaient, attirés par les cadavres que nous avions jetés les jours précédents à la mer : « Combaleau, mon vieux, nous aurions dû conserver un ou deux moricauds trépassés, afin de nous en servir d'appât pour les requins. J'ai justement ici un harpon. »

« — Tiens, que je lui réponds, c'est une idée.

« Voyons voir si nous ne pourrons pas remplacer les moricauds.

« Or, justement au même instant, voilà un coquin de petit requin qui frise le radeau avec ses nageoires.

« Va chercher ton harpon, que je dis tout bas à Martin, et dépêche-toi. » Alors moi je me fais le raisonnement suivant : Combaleau, tu es... si tu n'avais pas mis la barre dessous, tous ces pauvres gens ne seraient pas à cette heure à tirer la langue. Ce qui est fait est fait, c'est juste, mais ça ne t'empêche pas de tâcher de réparer un peu ton crime. Or donc, si Martin parvient à harponner ce requin, ça leur mettra un fameux morceau sous la dent, et ça les sauvera peut-être. Faut donc absolument prendre ce gredin-là. Quant à toi, mon ami Combaleau, si tu es un peu endommagé, — car j'avais déjà mon idée, — eh bien ! tu n'auras que ce que tu mérites ; ça t'apprendra une autre fois à mettre la barre au vent et non pas dessous.

« Alors je me cramponne au radeau, et je laisse mon corps surnager à moitié sur la mer. Ah ! mon Dieu ! il n'y avait pas deux minutes que je prenais ce bain, lorsque mon requin se rapproche sournoisement de moi, se retourne sur le côté, et ouvre une mâchoire, ah ! mais, lieutenant, une mâchoire comme un four !

— Et tu as eu le courage de rester immobile ? dis-je à Combaleau en l'interrompant.

— Fallait bien, lieutenant ; vous comprenez que si j'avais bougé, cela eût effrayé le requin, et qu'il nous eût faussé compagnie, ce qui n'était pas mon affaire. Je le vois donc, dis-je, qui se retourne et qui se dispose à m'avaler tout cru ; j'avais bien envie de crier à Martin de lui lancer le harpon, mais je me retins. Ce ne fut seulement qu'en sentant les dents du monstre m'égratigner que je poussai un cri d'appel. Au même instant Martin venait de lancer son harpon ; mais, malheur ! la peau de ce requin était si dure, que le fer glissa dessus sans y entrer, et que le gradin s'enfuit au plus vite en emportant avec lui la moitié d'un de mes mollets. Voilà pourquoi, lieutenant, je boite un peu aujourd'hui. »

Le récit de cette action, que François Combaleau me racontait simplement, sans y attacher la moindre importance et sans se douter même de tout ce qu'elle avait d'héroïque, me causa une profonde émotion.

« François, lui dis-je en lui serrant la main, jamais plus noble cœur que le vôtre n'a battu dans la poitrine d'un marin; c'est entre nous à la vie, à la mort! »

Mon enthousiasme sembla surprendre beaucoup Combaleau, qui se contenta de me répondre :

« Ainsi, lieutenant, vous croyez, en conscience, que je ne suis pas aussi criminel que je le croyais? Ça me fait d'autant plus de plaisir que je meurs de faim, et que je pourrai à présent prendre ma part de la première distribution de riz que l'on nous fera. »

Une fois que François Combaleau fut bien assuré qu'il ne devait pas se reprocher la perte de la *Doris*, il redevint, malgré son état d'épuisement et ses souffrances, ce qu'il avait toujours été, c'est-à-dire un bon et joyeux garçon plein de résignation et de courage. Il sut, grâce à ses heureuses saillies et en nous donnant l'exemple de la philosophie, remonter notre moral abattu.

« Bah! mes amis, nous dit-il le second jour de notre incarcération, il ne faut encore désespérer de rien : le Yacout y regardera à deux fois avant de faire décapiter quatre gaillards aussi intéressants que nous. Cela finirait tôt ou tard par se savoir, et nuirait énormément à son commerce d'esclaves en éloignant les négriers de Zanzibar.

— Oui, mais si le Yacout sacrifie ses intérêts à sa colère ? s'écria M. Liard.

— Eh bien ! capitaine, reprit Combaleau, au lieu de nous laisser couper le cou, nous taperons sur tous ces fainéants-là, qui ont eu l'imprudence de nous laisser les membres libres. Prétendre que nous serons vainqueurs, vous ne le croyez pas ; mais, au total, quand on se bat ça vous échauffe, et ce quart d'heure sera moins dur à passer que vous ne vous le figurez maintenant. Et puis, après tout, à quoi bon se faire tant de bile ? Il est reconnu que l'on ne meurt qu'une fois. »

Malgré la riante perspective que nous offrait Combaleau d'un combat acharné et d'une mort sans souffrance, nous étions loin d'envisager l'avenir avec autant de résignation et de tranquillité que lui.

« Capitaine, dis-je à M. Liard, il nous reste encore à peu près vingt-quatre heures à vivre ; ne pourrions-nous pas, en les employant convenablement, simplifier beaucoup notre position ?

— Comment entendez-vous cela ?

— J'entends, capitaine, qu'il ne me semble pas impossible de défoncer cette espèce de porte-fenêtre qui ferme notre cachot et de prendre la fuite.

— Une évasion ? Au fait, pourquoi pas ?

— Dame, Messieurs, si ça peut vous distraire, tentons la chose, dit Combaleau. Seulement, une fois dehors, que deviendrons-nous ?

— Eh bien, nous serons libres, François.

— Oh ! libres, capitaine, c'est une façon de parler. Si, au lieu de nous trouver dans une île, nous foulions aux pieds un continent, oui, nous pourrions alors conserver quelque espoir ; mais enfermés, comme nous le sommes, de tous les côtés par la mer...

— Qui sait si nous ne parviendrons pas à nous embarquer sur quelque navire européen ?

— Tiens, c'est vrai ! je ne pensais pas à cela ; d'autant mieux qu'au moment où ces gredins d'Arabes se sont jetés sur nous, il y avait justement un petit bâtiment en vue. Allons, à l'ouvrage ! »

Cette pensée d'évasion adoptée, nous nous précipitâmes vers la porte-fenêtre qui formait l'entrée de notre donjon. Hélas ! la vue de quelques verrous énormes, en fort bon état, et scellés dans le mur, nous arracha un soupir de découragement et de regret.

« Eh bien ! quoi ? s'écria François ; vous figuriez-vous bonnement que ça allait s'ouvrir tout seul, comme dans un conte des fées ? Allons, je le répète, à l'ouvrage !

— Mais, François, regarde donc ces verrous, ils sont énormes !

— En effet, capitaine, cette ferraille m'a l'air assez soignée ; mais, au total, ça ne prouve pas, parce qu'elle est épaisse, qu'elle tienne bien solidement à la muraille. Qui nous empêche de gratter un peu les briques, histoire de nous aiguiser les ongles ?

— Parbleu ! tu as raison, essayons. »

Nous nous mîmes aussitôt à l'œuvre, et nous ne tardâmes pas à acquérir l'heureuse certitude qu'il nous serait, sinon facile, du moins possible de déchausser les tiges de fer qui retenaient la porte dans la muraille. Par malheur, nous ne possédions pour tout instrument et pour tout outil qu'un seul et unique couteau. Nous convînmes de ne l'employer qu'avec beaucoup de précaution, afin de ne pas le briser, et de travailler, chacun à tour de rôle, pendant environ une demi-heure. Ce fut François qui commença.

« Allons, par ici, dit-il à celui qui devait le remplacer lorsque sa tâche fut finie; à toi à présent. Tiens, voilà le couteau; fais bien attention de ne pas en casser la lame. »

Il était à peu près dix heures du matin lorsque nous commençâmes à attaquer la muraille, et justement le taciturne Arabe qui nous servait de geôlier venait de nous apporter nos maigres provisions pour jusqu'au lendemain; nous avions toute la journée et toute la nuit devant nous : notre entreprise devenait possible, les briques étant assez molles.

A cinq heures du soir, un petit monceau de poussière qui s'élevait par terre au bas de la porte-fenêtre prouvait, comme, en effet, cela était vrai, que notre travail s'avançait, lorsque par malheur le capitaine Liard, à qui je venais de remettre le couteau après m'en être servi à mon tour pendant la demi-heure convenue, brisa maladroitement la lame presque au ras du manche.

Le capitaine parut si désolé de cet accident, qui, après tout, ne provenait peut-être que de la mauvaise qualité du couteau, que nous n'eûmes pas la force de le lui reprocher; cependant Dieu sait combien le désespoir que nous en éprouvions était cruel.

« Faut de la philosophie, comme vous dites, mes amis, nous dit Combaleau en rompant le premier le silence. Après tout, à quoi bon nous désoler? la lame nous reste quasi entière; nous n'avons que faire du manche pour travailler.

— Oui, mon bon François, tu as raison, » s'écria M. Liard, qui, prenant la lame brisée, se mit à creuser la brique avec tant de zèle, pour ne pas dire tant de fureur, qu'il eut bientôt les mains en sang et qu'il dut s'arrêter.

Malgré la difficulté que nous présentait la continuation de notre travail, nous le reprîmes cependant et le poursuivîmes sans relâche jusqu'au lendemain matin; le bruit seul des verrous, que l'on tirait en dehors, nous fit cesser. C'était notre geôlier qui entrait; nous remarquâmes qu'il ne nous apportait pas de provisions.

« Chiens d'infidèles, nous dit-il, l'illustre Yacout m'envoie vous demander si vous êtes en mesure de lui payer les cinq mille piastres exigées pour votre rançon.

— Yacout sait bien, répondit le capitaine, que nous sommes de malheureux naufragés, et que par conséquent nous ne possédons pas même une pièce de menue monnaie.

— Très bien! s'écria l'Arabe en ne pouvant dissimuler la joie que lui causa cette réponse; Dieu est grand, et Mahomet est son prophète! Dans une heure on vous coupera le cou. »

Après avoir prononcé cette phrase d'un air joyeux, l'Arabe se retourna vers la porte pour s'en aller; mais Combaleau lui barra le passage.

« Que me veux-tu? demanda-t-il au matelot.

— Te retenir en otage, canaille! » s'écria le brave François, qui, oubliant sa blessure et sa faiblesse, se jeta sur l'envoyé de Yacout et le saisit à bras-le-corps.

Ma foi, le temps pour réfléchir nous manquant, nous n'avions naturellement qu'un seul parti à prendre : seconder et aider François; ce fut ce que nous fîmes. En beaucoup moins de temps encore que je n'en mots à raconter le fait, l'habitant de Zanzibar tomba terrassé à nos pieds.

« Tenez ferme ! nous dit François, je me charge de l'arrimage. »

Combaleau terrasse l'envoyé de Yacout.

Notre brave compagnon s'empressa de retirer le turban de l'Arabe; puis, le dépliant avec promptitude et s'en servant comme d'un cordage, il attacha solidement le représentant de Yacout, à partir des yeux jusqu'aux pieds, ainsi que l'on arrange les carottes de tabac.

« Voilà qui me semble assez proprement ficelé,

dit-il avec un air de parfait contentement lorsque sa besogne fut achevée. A présent, cher ami de mon cœur, ronge ton frein et rage tout à ton aise, je te le permets. »

Cette action, je le répète, s'était passée si rapidement, que nous avions agi sans réfléchir. Ce ne fut qu'après notre triomphe que nous commençâmes à nous demander si nous ne venions pas de commettre une imprudence irréparable, et dont les conséquences pourraient être terribles pour nous.

« Ce qui est fait n'est plus à discuter, s'écria François. Et puis, où voyez-vous le mal ? en quoi cette plaisanterie aggrave-t-elle notre position ? D'abord elle nous donne des armes, et le sabre de cet Arabe me semble même assez bien aiguisé ; ensuite elle nous permet de fuir. Au total, elle ne peut nous faire couper le cou deux fois.

— Pourvu que la plage ne soit point gardée, dit le capitaine, qui se dirigea aussitôt vers la porte-fenêtre.

— Ouvrez avec précaution et de façon que l'on ne vous aperçoive pas au dehors, » lui dis-je.

M. Liard, pour se conformer à ma recommandation, tirait doucement la porte-fenêtre à lui, lorsque cette porte, poussée brutalement du dehors, le frappa avec violence en pleine poitrine ; à peine eut-il le temps de se jeter contre elle en pesant dessus de tout le poids de son corps.

« On vient, nous dit-il vivement à voix basse, nous sommes perdus ! » Les quelques secondes qui suivirent cette exclamation furent pour nous pleines d'angoisses ; nous étions bien préparés à la mort, mais un secret espoir, se mêlant à notre résignation, la rendait moins puissante et l'affaiblissait : nous ne pouvions accepter l'idée d'une défaite sans lutte et sans vengeance.

« Capitaine, dit vivement Combaleau, qui dans les circonstances imprévues et critiques prenait, — on a déjà dû le remarquer, — presque toujours l'initiative de la parole ou de l'action, capitaine, retirez-vous et laissez ouvrir cette porte. Nos ennemis ne pouvant nous attaquer qu'un à un par cet étroit passage, il nous sera toujours plus facile de nous défendre ici qu'en rase campagne; l'important pour nous est de gagner du temps et de vendre chèrement notre vie... »

M. Liard, soit que le raisonnement de François lui parût logique, soit que la pression exercée du dehors fût au-dessus de ses forces, se jeta vivement de côté.

Aussitôt la porte-fenêtre s'ouvrit avec bruit en battant la muraille, et un Arabe, celui qui la poussait, entraîné par son élan, vint rouler à nos pieds.

« Et de deux ! » s'écria Combaleau, qui se précipita vivement sur le nouveau venu avant que celui-ci eût pu se relever.

Que l'on juge de notre surprise, — car, quant à moi, je renonce à la peindre, — lorsqu'au même instant nous entendîmes l'Arabe s'écrier :

« Ah çà, François, pas de bêtises, vous me faites mal ! »

Cet Arabe n'était autre que le novice Fignolet.

La stupéfaction que nous causa cette apparition si inattendue fut telle, que nous restâmes à nous regarder sans prononcer une parole; nous n'étions pas bien assurés d'être éveillés, et ce fut l'illustre Fignolet qui le premier rompit le silence.

« Capitaine, dit-il en s'adressant à M. Liard, je vous demande bien des excuses d'avoir poussé si fort; mais comme, au total, c'est moi qui suis tombé, ce qui n'a pas dû vous faire grand mal, j'espère que vous ne m'en voudrez pas.

— T'en vouloir, mon ami! s'écria M. Liard, qui, oubliant sa dignité et sortant de sa morgue habituelle, serra le novice dans ses bras; t'en vouloir, lorsque tu t'exposes pour nous, lorsque tu joues volontairement ta tête pour nous sauver!

— Le fait est, capitaine, que si j'étais pris en ce moment, il pourrait m'en cuire. Quant à jouer volontairement ma tête, ajouta Fignolet en rougissant d'un air modeste, je ne voudrais pas, capitaine, vous faire avaler cette craque-là, d'autant mieux que tôt ou tard vous sauriez la vérité. Prrr! je suis ici, c'est vrai, mais c'est pas ma faute...

— Comment! ce n'est pas ta faute? explique-toi.

— Ça ne sera pas long, capitaine.

— Un mot auparavant. Ne sommes-nous pas exposés pour le moment à quelque grand malheur? et ne vaudrait-il pas mieux commencer par jouer des jambes, quitte à s'expliquer ensuite? dit François en interrompant le novice.

— Il n'y a pas de danger pour la minute, répondit Fignolet d'un air important; je réponds de vous.

— Alors, parle, petit, nous t'écoutons, dit Combaleau.

— Voici la chose, reprit Fignolet en arrangeant son turban, qui s'était déplié dans sa chute. Vous savez, ou vous ne savez pas, n'importe, — car qui aurait songé à un pauvre novice comme moi? — que lorsque vous fûtes empoignés, j'étais occupé à dénicher des œufs de tortue, ce qui est une chose crânement bonne tout de même.

« Bon! que je me dis, mes provisions de ce matin ne serviront pas à grand'chose à ces messieurs; je crois que ce que j'ai de mieux à faire c'est de les consommer moi-même; car, si je les garde plus longtemps, elles pourraient se gâter. Eh bien! c'est bon, on va les consommer. Je me cache alors au milieu d'un pâté de rochers, et une fois à l'abri je me mets à avaler mes œufs. J'en avale, j'en avale; ça ne finissait plus! J'en étais je ne sais plus à quelle douzaine, lorsque tout à coup j'entends plusieurs personnes qui causaient entre elles... J'écoute. Ah ben! v'là une chance! on parlait français.

— C'étaient sans doute des matelots appartenant au navire que nous avions vu courant vers la terre, dis-je en interrompant l'intéressant récit de Fignolet.

— Oui, lieutenant. Je ne fais ni une ni deux, je sors de ma cachette, et je cours à leur rencontre en pensant avec bonheur que je vais remanger de la viande et du biscuit.

— Et de quel équipage faisaient partie ces hommes? dit M. Liard.

— Du corsaire *le Tigre du Bengale*, capitaine Cousinerie.

— Comment! le capitaine Cousinerie est en ce moment à Zanzibar! m'écriai-je. Ah! mes amis, nous sommes sauvés. Vous avez tous entendu parler de Cousinerie; mais moi je le connais personnellement, car j'ai servi sous ses ordres, en qualité de lieutenant, à bord du *Mathurin*, qui fut envoyé à Bombetoc. C'est un dur à cuire, solide au poste, bon enfant, et qui n'a pas froid aux yeux; il ne nous abandonnera pas.

— C'est-à-dire, lieutenant, reprit Fignolet, qu'il

s'est joliment occupé de nous depuis hier. Il a déjà rendu deux visites au gouverneur et m'a fait déguiser en Osmanlis.

— Ah bah ! cette invention n'est donc pas de Fignolet ?

— Non, capitaine, c'est M. Cousinerie qui en est l'auteur, reprit le novice avec un soupir. Il m'a fait avant-hier endosser ce costume, en m'ordonnant de rôder sur la plage pour tâcher de découvrir ce que vous étiez tous devenus.

— Enfin, n'importe ; si l'idée n'est pas de toi, du moins n'as-tu pas reculé devant son exécution.

— Capitaine, murmura Fignolet après un moment d'indécision, vous êtes bien bon de penser cela de moi ; mais ce n'est pas de ma faute si je n'ai pas reculé. M. Cousinerie, en me voyant hésiter, me dit que si je ne me conformais pas à son ordre, il me ferait donner des coups de corde jusqu'à disparition totale de ma peau. C'est là le seul motif qui m'a décidé à tenter l'entreprise. Après tout, je ne m'en repens plus, puisque j'ai réussi...

— Ça ne fait rien, Fignolet, nous ne t'en sommes pas moins reconnaissants pour cela. Mais, dis-moi, comment as-tu fait pour pénétrer jusqu'ici ?

— Ce n'est pas malin, capitaine : j'ai appris ce matin d'un renégat, un de vos anciens courtiers d'ébène, que vous étiez enfermés dans cette tour, et je me suis mis à faire le quart sur la plage, qui est déserte en ce moment, vu que tout le monde est à la ville, où il y a du vilain...

— Et tout à l'heure, en voyant entrer ici cet Arabe que Combaleau a si bien garrotté, tu l'as suivi ?

— C'est cela même, capitaine, et me voilà !

— Eh bien, mes amis, reprit M. Liard en se tournant vers nous, que devons-nous faire à présent?

— Si vous voulez, capitaine, que j'aille avertir M. Cousinerie, qui est en ce moment en visite, toujours par rapport à vous, chez le gouverneur, je viendrai ensuite vous rapporter sa réponse.

— Cousinerie est chez le gouverneur! m'écriai-je. Et a-t-il quelques hommes de son équipage avec lui?

— Pardi, lieutenant, vous figurez-vous bonnement qu'il se serait amusé à descendre à terre tout seul? Il est accompagné de vingt-cinq matelots armés jusqu'aux dents.

— Vingt-cinq et cinq que nous sommes ici, y compris ce singe de Fignolet, ça fait trente, s'écria Combaleau. Mes amis, en avant! »

Combaleau, malgré ses béquilles, s'élança vivement vers la porte après avoir prononcé ces paroles, et sortit le premier. Nous ne trouvâmes, par bonheur, personne sur notre chemin. En dix minutes nous arrivâmes devant le palais du gouverneur Yacout.

Une foule assez nombreuse d'Arabes stationnait devant ce palais, qui, soit dit en passant, était tout simplement une grande maison d'une assez belle apparence. Quoique notre arrivée produisit une certaine émotion parmi la foule, personne ne nous adressa ni une provocation ni une injure, et il nous fut permis de pénétrer librement dans la salle d'audience, où se tenait le gouverneur.

IX

Yacout. — Audace des Français. — Cousinerie philanthrope. — Reconnaissance. — Tentative périlleuse. — Bêtes féroces. — Utilité de la pratique. — Mort d'homme. — Ducasse retrouvé.

Assis sur un vieux divan crasseux, et fumant, ou du moins tenant à la main une pipe allumée, Yacout, lorsque nous entrâmes, était en grande conférence, au moyen d'un interprète, avec le capitaine Cousinerie. Notre apparition inattendue produisit un véritable coup de théâtre. Yacout pâlit, et Cousinerie se précipita vers nous en s'écriant d'un air joyeux et triomphant :

« Les voici ! ce sont eux ! Je savais bien, moi, que ce gredin-là me trompait en m'assurant qu'il ignorait ce qu'ils étaient devenus. »

Comme nous étions tous les cinq, grâce à notre naufrage, aussi mal vêtus les uns que les autres, notre libérateur nous demanda aussitôt quel était le capitaine de la *Doris*.

M. Liard se présenta et se fit connaître.

« Ma foi, mon cher collègue, s'écria Cousinerie,

charmé de vous trouver vivant ; je craignais, votre devoir vous ordonnant de n'abandonner votre navire que le dernier de tous, que vous n'eussiez succombé. Grâce à Dieu, je m'étais trompé. »

A ce reproche involontaire et si direct, M. Liard rougit et se hâta de changer de conversation.

« Capitaine, dit-il, recevez tous nos remerciements les plus sincères pour le généreux appui que vous nous prêtez. Sans vous, c'en était fait de nous ! On devait nous couper la tête aujourd'hui.

— Vous couper la tête ! s'écria Cousinerie furieux. Qui est-ce qui coupe comme cela les têtes ici ? ce macaque de Yacout ? Pardieu ! je suis charmé de ce que vous m'apprenez là ; je vais me donner le plaisir de faire empaler cet aimable garçon. Ça procurera un moment de distraction à mon équipage, et ça servira d'exemple au successeur de l'iman de Mascate.

— Nous ne demandons pas tant, capitaine. Que l'on nous permette seulement de nous embarquer à bord de votre navire.

— Parbleu ! je voudrais bien voir que quelqu'un s'y opposât, interrompit Cousinerie. Savez-vous ce que je déclarais à Yacout lorsque vous êtes arrivés ? Qu'il était mon prisonnier, et qu'il eût à me suivre. Enfin, puisque vous voilà, et que vous ne tenez pas absolument à ce qu'il soit empalé, nous pouvons nous en aller.

— Oh ! avec le plus grand plaisir.

— Attendez un instant, je veux auparavant présenter mes respects à ce faquin de Yacout. »

Cousinerie, se tournant alors vers l'interprète, lui ordonna de traduire mot à mot ce qu'il allait dire au gouverneur ; puis, cette recommandation faite, il prononça tout d'une haleine le discours le plus pittoresque et le plus abominable que l'on puisse s'imaginer. Je parlais et je comprenais assez l'arabe pour m'apercevoir que l'interprète adoucissait, de façon à en changer un peu le sens, le beau morceau d'éloquence confié à sa loyauté; toutefois, comme mon plus vif désir était d'abandonner au plus vite Zanzibar, je ne jugeai pas à propos de révéler cette infidélité à Cousinerie : je préférais m'en aller avec lui.

« Eh bien! capitaine, lui dit Fignolet lorsque nous nous embarquâmes dans les deux canots du *Tigre du Bengale* qui nous attendaient sur la plage, j'espère que je me suis acquitté un peu proprement de ma commission. C'est moi qui ai découvert la prison où ces messieurs étaient enfermés.

— Le fait est, petit, que la peur de maître filin (bout de corde) t'a fait faire merveille. N'importe! demande-moi ce que tu voudras, et, foi de Cousinerie, si ça peut s'accorder, je ne te refuserai pas.

— C'est pour de bon que vous parlez, capitaine? s'écria Fignolet en ouvrant les yeux d'une façon démesurée; vous ne vous gaussez pas de moi?

— Allons, petit, parle vite.

— Eh bien, capitaine, je voudrais..., — Fignolet hésita, — je voudrais avoir triple ration pendant deux jours.

— Accordé, dit le capitaine en riant.

— Accordé! répéta Fignolet, dont l'émotion et la joie empourprèrent les joues. Ah! mon Dieu, que je suis content! Je vais donc manger une fois dans la vie presque mon soûl. »

Cinq minutes plus tard, les deux embarcations voguaient à toutes rames, se dirigeant vers le *Tigre* du *Bengale*, charmant brick montant seize canons, que nous apercevions devant nous se balançant gracieusement à un demi-mille de distance de la plage.

Préoccupé jusqu'alors par l'idée de quitter Zanzibar au plus vite, je ne m'étais pas fait reconnaître par le capitaine Cousinerie; je ne lui adressai la parole qu'une fois que je me trouvai en sûreté dans le canot.

« Vraiment, mon cher ami, je ne vous aurais pas reconnu, me dit-il en me serrant convulsivement les mains à plusieurs reprises. Combien vous êtes changé! Je vous avais quitté presque un enfant, et je vous retrouve un homme. »

Pendant le court trajet de la plage au *Tigre du Bengale*, les questions que l'on nous adressa sur le naufrage de la *Doris* furent si nombreuses, qu'il nous fut impossible d'y répondre; nous remîmes les explications à notre arrivée à bord.

« Comment donc se fait-il, capitaine, demandai-je à Cousinerie en mettant le pied sur le pont et en apercevant un nombreux équipage, que votre navire soit armé en guerre et porte seize canons?

— Parbleu! cela n'a rien d'étonnant : voudriez-vous me voir chasser les Anglais avec dix hommes et un petit caboteur?

— Mais ne sommes-nous pas en paix, capitaine?

— Ah! c'est vrai, vous ignorez la nouvelle. Eh bien! heureusement non, mon cher Louis, nous ne sommes plus en paix. Nous avons appris pendant votre absence la rupture du traité d'Amiens, et les hostilités ont recommencé avec plus de vigueur que jamais. C'est même par suite d'une rencontre que j'ai eue ces jours derniers avec un navire anglais que j'ai capturé et dirigé vers l'île de France, que l'idée m'est venue, me trouvant près de Zanzibar, d'atterrir afin de réparer mes avaries.

— Alors trois hourras pour l'Anglais qui vous a causé ces avaries, capitaine, car sans votre arrivée ici nous passions un mauvais moment.

— A propos, racontez-moi donc en détail et votre naufrage et vos aventures.

— Volontiers ; d'abord nous mourons de faim.

— Ah ! c'est juste, dit en riant Cousinerie ; descendez dans la chambre, je vais vous faire servir à déjeûner. »

Cinq minutes plus tard, attablé avec le capitaine Liard, tandis que nos hommes étaient servis à l'avant, je faisais à mon ancien chef le récit de notre catastrophe. La fuite de M. Liard dans le canot, son abandon de la *Doris* me donnèrent assez de mal à raconter ; mais cependant, en insistant sur l'urgence qu'il y avait à aller chercher des secours, sur l'impossibilité de construire un radeau, sur la crainte de voir les nègres s'emparer du canot, crainte qui nous avait empêchés de retourner à bord, je parvins à franchir ce passage difficile de ma narration sans que le capitaine Liard eût à rougir devant son collègue.

Mon récit terminé, et il dura aussi longtemps que le repas, c'est-à-dire deux heures, je remarquai que le capitaine Cousinerie était devenu tout soucieux. J'attribuai naturellement sa tristesse aux lugubres tableaux que j'achevais de faire passer sous ses yeux ; je me trompais.

« Tout ce que vous venez de me raconter, me dit-il, n'est pas positivement gai ; mais enfin, comme il n'y a plus à y revenir, n'en parlons plus. Nous ne pouvons rien pour les morts, occupons-nous des vivants.

Savez-vous de quel pays est natif ce malheureux Ducasse, qui s'est si sottement perdu dans la forêt que vous avez traversée?

— Oui, capitaine, il est de Bordeaux.

— Ah! de Bordeaux! répéta Cousinerie en réfléchissant; vous êtes bien sûr?

— Parfaitement sûr, capitaine. »

Ma réponse parut causer une assez vive impression à Cousinerie. Pendant quelques secondes, son bras appuyé sur la table et sa tête sur sa main, il parut absorbé par de graves pensées; enfin, m'adressant de nouveau la parole:

« Ce Ducasse ne vous a-t-il jamais parlé de son frère aîné? me demanda-t-il.

— Oui, souvent; il tirait même assez de vanité de cette parenté; car son frère est capitaine au long cours et commande à présent un trois-mâts qui fait le voyage des Antilles.

— Allons, il n'y a pas à en douter, c'est bien cela, s'écria Cousinerie. Sachez, mon cher Garneray, que ce Ducasse, — je parle du capitaine au long cours, — a été mon ancien matelot et m'a rendu dans le temps un petit service que je ne puis guère oublier: il s'est jeté entre une hache anglaise et moi au moment où cette hache allait me fendre la tête; ce qui lui a valu d'avoir l'épaule à moitié coupée.

— Eh bien! capitaine, que concluez-vous de cela?

— Je conclus que c'est diabolique de savoir que le frère de celui à qui je dois en ce moment l'honneur de commander un joli et fringant corsaire de seize canons se trouve exposé, dans une forêt, aux horreurs de la faim et à l'attaque des bêtes. A propos, savez-vous si les deux frères Ducasse étaient bien ensemble?

— Très bien, capitaine; ils s'aimaient beaucoup.

— Alors ça devient intéressant. Je ne puis abandonner ce garçon.

— Hélas! il est malheureusement bien à craindre qu'il n'ait succombé.

— C'est possible; comme rien ne me le prouve, je ne puis me dispenser de tenter quelque chose en sa faveur. Ça va me faire perdre un temps précieux. Ce Pierre, c'est le nom du capitaine au long cours, avait bien besoin aussi de me sauver la vie! Ah! j'oubliais; depuis combien de jours Ducasse est-il dans la forêt?

— Depuis aujourd'hui cinq jours, capitaine.

— Cinq jours au régime des racines? Il est probable qu'il a dû mourir de faim..., à moins toutefois qu'il n'ait servi lui-même de déjeuner à quelque tigre ou à quelque serpent. Mais, au total, comme il peut se faire que les racines conviennent à son estomac, que les tigres l'aient trouvé trop maigre pour leur appétit et qu'il soit encore vivant, je dois et je veux envoyer à sa recherche.

— Oh! capitaine, m'écriai-je, ravi de joie à l'idée de retrouver notre malheureux compagnon, ce serait là une bien bonne action.

— C'est une dette que je dois et que je paye, pas autre chose, s'écria Cousinerie. Mais ne perdons pas de temps et agissons. Voulez-vous, Garneray, vous charger de conduire l'expédition que je vais envoyer à la recherche de Ducasse?

— De tout mon cœur, capitaine.

— C'est qu'il faudrait partir tout de suite.

— J'ai mangé pour trois jours, je suis prêt.

— Eh bien! voilà qui est entendu. Je m'en vais vous choisir vos hommes. »

Une demi-heure après cette conversation, je m'embarquais dans un des canots du *Tigre du Bengale* avec dix des meilleurs matelots du corsaire. Trois heures plus tard, nous touchions terre à l'endroit même où deux jours auparavant nous avions retrouvé Combaleau. Le capitaine Cousinerie, en me disant qu'il allait me choisir mes hommes, ne m'avait pas trompé : ma petite troupe était composée de l'élite de son équipage.

Au reste, l'idée qu'ils allaient au secours d'un camarade eût seule suffi pour faire braver à ces hommes toutes les fatigues et tous les dangers.

Inutile d'ajouter que nous étions munis d'abondantes provisions de bouche et de munitions de guerre.

Chaque matelot, armé d'une hache, d'un fusil et d'une paire de pistolets, portait trente cartouches : avec de pareils éléments d'attaque et de défense, nous n'avions pas grand'chose à craindre de la part des tigres et des serpents.

Après avoir pris terre, nous laissâmes le canot sous la garde des Arabes de la côte, ainsi que nous en étions convenus avec le capitaine, qui devait l'envoyer chercher le lendemain, et nous nous mîmes tout de suite en route.

Comme la journée était avancée, la nuit nous surprit après une marche de deux lieues au plus ; nous bivouaquâmes dans un petit village arabe, et le lendemain, au point du jour, après avoir gagé un guide, nous reprîmes notre course.

A la fin de la journée suivante, un peu avant le coucher du soleil, nous atteignîmes une bourgade située à une lieue seulement de la forêt, et nous y passâmes la nuit. Toutefois, avant de songer à nous reposer, nous interrogeâmes un à un tous les Arabes, pour tâcher d'obtenir quelques renseignements sur le sort du malheureux Ducasse; cette enquête n'aboutit à aucun résultat : personne n'avait entendu parler de notre pauvre camarade.

Levés le lendemain avant le soleil, nous allions nous remettre en route, lorsque notre guide vint nous réclamer le salaire qui lui était dû, en nous déclarant qu'il ne voulait pas nous accompagner plus loin.

En vain essayâmes-nous de vaincre sa détermination : ni menaces, ni prières, ni promesses, rien n'y fit ; il resta inébranlable dans son refus.

A n'importe quel prix, nous dit-il, il ne consentirait à nous suivre dans l'exploration que nous allions tenter, tant la mystérieuse et redoutable forêt lui inspirait une crainte insurmontable.

En vain lui fîmes-nous observer encore que nous étions nombreux et trop bien armés pour avoir à craindre un danger, aucun raisonnement ne put vaincre son obstination.

« Monsieur, me dit un des matelots qui m'accompagnaient, un Espagnol de trente-cinq à trente-sept ans, nommé Diaz, qui avait longtemps séjourné dans l'Inde et parlait assez bien arabe, vous êtes trop bon d'insister auprès de ce chien. Qu'avons-nous besoin de lui, et de quelle utilité pourrait bien nous être sa présence ? J'ai, à la suite d'un accident dont je ne vous ferai pas le récit, et qui me força, il y a de cela quelques années, à déserter mon navire et à m'enfoncer dans l'intérieur des terres ; j'ai, dis-je, mené pendant longtemps la vie de boucanier, et je puis me vanter de connaître aussi bien qu'homme au monde les mœurs des animaux et les mystères des bois.

Fiez-vous-en à mon expérience ; je vous serai cent fois plus utile que ne pourrait l'être cet Arabe peureux et imbécile ; je réponds de tout. »

Le matelot Diaz, qui, soit dit en passant, avait de fort bonnes manières, et dont nous ne connûmes jamais l'histoire, semblait si sûr de son fait, que je n'hésitai plus à congédier notre guide arabe.

Je regrettai même mes instances auprès de ce dernier, car son obstination à les repousser avait fini par jeter, sinon un découragement complet, du moins une certaine indécision dans l'esprit des hommes de l'expédition.

Aussi ne fus-je pas fâché, une fois que nous eûmes abandonné la bourgade, d'entendre Diaz soutenir avec une conviction qui paraissait profonde que jamais, à sa connaissance, les animaux féroces n'avaient pris l'initiative d'une attaque envers les hommes.

Mes matelots me parurent accueillir cette assurance avec un certain plaisir.

Toutefois, lorsque deux heures plus tard, c'est-à-dire un peu avant le lever du soleil, nous aperçûmes, à quelques centaines de pas devant nous, se dresser la masse sombre et épaisse de la forêt, je compris, en voyant ma petite troupe ralentir le pas et jeter des regards effarés devant elle, que les sottes craintes manifestées par notre guide arabe avaient produit sur le moral de mes hommes un mauvais effet.

J'eus l'air de ne pas m'en apercevoir, et je me contentai d'accélérer ma marche.

Au reste, cette indécision, comme je m'y attendais, dura peu : une fois que notre petite troupe eut franchi la lisière de la forêt, l'espèce de fantasmagorie qui l'impressionnait disparut à ses yeux ; nous ne songeâmes plus qu'au malheureux Ducasse.

Rien n'était, après tout, moins propre à inspirer la crainte que l'admirable spectacle que nous avions devant nous, car il est impossible de se faire une idée, même approximative, de la magnificence des forêts vierges de l'Afrique à leur réveil.

A peine le soleil se montre-t-il à l'horizon que le silence immense et imposant de la nuit fait place à un hymne étrange et saisissant : ramages d'oiseaux, bruissements d'insectes, frôlements de serpents et d'iguanes, élans de tigres, courses rapides de daims et de chevreuils, branches d'arbres détendues par l'humidité et se tordant, semblables à des reptiles, sous les ardents rayons du soleil ; ce sont partout des bruits bizarres, confus, divers, des murmures plaintifs dont on ne comprend pas les causes, et qui, réglés, pour ainsi dire, par un maestro invisible, se fondent cependant en un ensemble parfait et forment un orchestre divin.

Des arbres gigantesques, dont les premières branches, avides de sève, se sont inclinées vers le sol et ont fini par y prendre racine et par produire autant de nouveaux troncs, offrent aux regards une prodigieuse diversité de formes dans leur pittoresque et fantastique grandeur.

Les feuilles, larges et épaisses, pointillées par la rosée de la nuit, ressemblent à d'inestimables écrins de diamants, et forment une voûte féerique et éblouissante qui dépasse en éclat et en magnificence les descriptions les plus parfaites des conteurs orientaux.

Le sol, garanti par cette voûte du contact dévorant du soleil, est recouvert par un gazon épais d'un vert d'émeraude ; ce sol, composé de détritus provenant du règne animal et végétal, présente une grande élasticité, ne reçoit aucune empreinte, ne rend aucun son et procure au piéton une illusion charmante; on croit marcher sur un interminable tapis de velours.

Arrivés à l'endroit où nous avions perdu Ducasse, nous fatiguions en vain depuis plus d'une heure les échos de la forêt de son nom mille fois répété, soit isolément, soit en chœur, lorsque le matelot Diaz abandonna la tête de la troupe pour venir me trouver.

« Lieutenant, me dit-il, tous ces cris-là, si je ne me trompe, ne sont bons qu'à effrayer les oiseaux, mais ne nous aideront en rien à retrouver Ducasse.

« Si vous voulez que notre expédition puisse avoir quelque chance de succès, il faut absolument que nous abandonnions le sentier battu où nous sommes, et que nous pénétrions dans l'intérieur de la forêt.

— Je ne m'y oppose pas, Diaz; mais si nous allions nous perdre nous-mêmes?

— Qu'importe, lieutenant! nous sommes en nombre, nous avons des armes, des munitions et des vivres; la faim ne peut nous atteindre. Et puis, au reste, ne craignez rien, je vous réponds que nous ne nous égarerons pas. La mousse étendue sur les troncs des arbres est pour un œil exercé un indice certain; cette mousse, qui indique le côté du nord, est aussi infaillible à consulter qu'une boussole. Je me charge de vous ramener, dès que vous me l'ordonnerez, à l'endroit précis du sentier où nous nous trouvons en ce moment.

— Ma foi, Diaz, j'ai toute confiance en vous; faites comme vous l'entendrez. »

Diaz, fort de mon assentiment, s'en fut retrouver ses camarades et leur proposa d'entrer plus avant dans la forêt; je dois ajouter à la louange de ceux-ci qu'ils acceptèrent avec empressement cette proposition, et que, le moment de panique passé, l'espoir de secourir ou de sauver Ducasse parut un mobile tout-puissant auprès d'eux. Dans aucune autre classe de la société on ne trouve un sentiment de camaraderie plus prononcé que celui qui existe dans le cœur des matelots.

Diaz, avant d'abandonner le sentier que nous parcourions, examina la position et la hauteur du soleil, puis allumant ensuite une cigarette :

« Allons, mes amis, nous dit-il, suivez-moi. Que le Ciel mette sur mon chemin un indice, quelque léger qu'il soit, du passage de Ducasse, et je vous assure que mort ou vivant je le retrouverai. »

Stimulés par ces paroles, nous entrâmes avec enthousiasme dans la forêt. Aux premiers pas que je fis, je compris comment Ducasse avait pu se perdre malgré nos cris; car la végétation qui nous enveloppait, pour ainsi dire, dans ses liens de verdure, était si épaisse, si luxuriante, si inextricable, qu'il était impossible de voir à deux pas devant soi.

A chaque instant nous disparaissions, comme si c'eût été un sable mouvant, dans de hautes touffes d'herbe qui semblaient s'enfoncer sous nos pieds.

Des lianes nombreuses et hérissées d'épines nous déchiraient le visage et les mains, s'enroulaient comme des serpents autour de nous et nous forçaient, pour nous dégager de leurs étreintes, à de brusques mouvements qui nous empêchaient d'observer et la direction que nous suivions et la position du sentier que nous venions d'abandonner.

Les haches dont nous nous étions munis apportaient heureusement un grand secours à notre marche;

nous abattions les obstacles que nous ne pouvions franchir.

Grâce à Dieu cependant l'intérieur de la forêt ne tarda pas à s'éclaircir, et nous pûmes enfin nous voir et nous compter : pas un de nous ne manquait à l'appel.

« Eh bien, Diaz, dis-je à notre guide improvisé, où nous dirigeons-nous maintenant?

— Faisons d'abord une halte pour laisser respirer un peu les camarades, me répondit-il à haute voix, nous verrons ensuite.

— Comme vous voudrez, Diaz. »

L'Espagnol roula alors deux cigarettes, m'en offrit une, et, battant le briquet, me présenta du feu.

« J'ai à vous parler en secret, éloignez-vous un peu de vos hommes, » me dit-il rapidement à voix basse en allumant son tabac au mien.

Quoique fort surpris par cette demande, j'eus assez de présence d'esprit pour n'en rien laisser paraître ; seulement je me hâtai de me rendre au désir de l'Espagnol.

Mes hommes, fatigués, s'étant couchés par terre, je rejoignis aussitôt Diaz à dix pas plus loin.

« Prenez un air indifférent et promenez-vous à mes côtés en fumant votre cigarette, me dit-il toujours à voix basse. C'est cela. Monsieur, j'ai une mauvaise nouvelle à vous apprendre. Nous courons un grand danger. Pas de marque d'étonnement, je vous en conjure. On nous observe peut-être, et il ne faut pas décourager les amis.

— Et quel est ce danger, Diaz? lui demandai-je, en pensant qu'il pourrait bien être question du nègre Macao.

— Un vilain danger, lieutenant. Mais ne sentez-vous pas comme une odeur nauséabonde et fade, quoique pénétrante, que nous apporte le vent?

— Oui, en effet ; et que signifie cette odeur?

— Elle nous annonce le danger dont je vous parle, et signifie que nous nous trouvons dans le voisinage de quelque serpent boa.

— Ah! diable! Et sont-ils grands et méchants, les serpents de Zanzibar?

— Leur longueur varie de vingt-cinq à quarante-cinq pieds ; quoique, à vrai dire, ceux de la première dimension soient beaucoup plus communs que ceux de la seconde, ceux-là, vus en liberté, ne laissent pas encore que de paraître d'une taille fort respectable.

« Quant à être méchants, non, ils ne le sont pas ; seulement, quand ils ont faim, ils attaquent, et ce n'est pas chose facile que de leur résister, le premier être vivant, fût-ce même un éléphant, qu'ils rencontrent...

— Voilà d'accablants renseignements, Diaz ; que faire? Croyez-vous que le danger nous presse? N'aurions-nous pas encore le temps de nous éloigner?

— Le temps nous manquerait. Vous êtes averti, le reste vous regarde. Quant à moi, si vous voulez me permettre de vous donner un conseil, je crois que la seule chose raisonnable serait, usant de l'autorité morale que vous donne votre position auprès de mes camarades, de les avertir avec adresse, et de façon à ne pas affaiblir leur courage, du danger auquel nous sommes exposés.

— Oui, en effet, nous ne pouvons nous laisser surprendre. Je vais suivre votre conseil. »

Cette odeur nauséabonde dont je viens de parler, et qui d'après Diaz était un indice certain de la présence d'un serpent boa, ayant encore augmenté de force pendant que je causais avec l'Espagnol, je me décidai à aborder franchement la question, et sans perdre de temps, auprès de mes hommes : « Holà ! debout tout le monde, mes amis, leur dis-je en élevant la voix, l'ennemi approche ! »

Quoique j'eusse pris soin d'affecter un certain air de gaieté en prononçant ces paroles, il paraît que malgré moi je laissai percer dans ma voix une partie de l'émotion qui m'agitait, car nos matelots se jetèrent aussitôt sur leurs fusils et se levèrent avec précipitation.

« Qu'est-ce qu'il y a donc, Monsieur ? me demandèrent quelques-uns d'entre eux.

— Oh ! rien de bien effrayant, répondis-je en souriant. Il paraît qu'un serpent boa rôde dans les environs. Pourvu qu'il veuille bien nous rendre visite, je ne me plaindrai pas ; car je vous avouerai, mes amis, que je n'ai jamais encore vu de près un de ces messieurs, et que je ne serais pas fâché de pouvoir chasser celui-ci. Seulement j'ai dû vous avertir pour que vous vous teniez sur vos gardes. »

L'annonce de l'approche du monstre, ainsi mitigée par ma feinte gaieté, fut accueillie avec plus de curiosité que d'effroi par ma troupe. Toutefois chacun vérifia si l'amorce de son fusil était en bon état.

« Lieutenant, me dit Diaz en s'approchant de moi, je crois qu'il arrive. N'entendez-vous pas ces craquements de branches ? Il ne doit plus être bien loin. »

L'Espagnol achevait à peine de prononcer ces paroles, que nous aperçûmes, à environ trente-cinq ou quarante pas devant nous, le monstre qui rampait à notre rencontre.

Sa tête plate s'élevait d'à peu près cinq à six pieds au-dessus du sol.

On devinait à une espèce d'ondulation des broussailles que son corps, que nous ne pouvions voir, caché comme il l'était par les hautes herbes, devait présenter un respectable développement.

Le boa, soit qu'il nous eût aperçus, soit tout autre motif, s'arrêta, et resta un moment immobile devant nous; on eût dit qu'avant de commencer le combat, il voulait savoir à quoi s'en tenir sur nos forces.

« Tirez à la tête! tirez à la tête! » nous cria Diaz en mettant lui-même le monstre en joue.

Nous allions obéir à cet ordre, qui répondait parfaitement à nos désirs, quand le reptile, comme s'il eût compris notre intention, disparut aussitôt dans les broussailles.

Quoique nous fussions trop nombreux pour être effrayés, nous ne pouvions cependant nous défendre d'une certaine émotion bien naturelle en pensant que le boa n'était plus guère qu'à quelques toises de nous; sa disparition subite nous impressionna plus vivement que ne l'avait fait sa présence; car, comme les broussailles où il s'était enfui s'étendaient jusqu'à quelques pas seulement de l'endroit où nous nous trouvions, nous étions sous l'appréhension de le voir apparaître tout à coup au milieu de nos rangs.

Grâce à Dieu cependant il n'en fut rien; car à peine une minute s'était-elle écoulée, que nous vîmes de nouveau le monstrueux reptile; le corps à moitié roulé autour d'un arbre, il dardait vers nous sa langue fourchue et ouvrait sa bouche en nous montrant les deux doubles rangées de dents fines, blanches et aiguës, qui la garnissaient.

Cette fois, ayant pour nous l'expérience, nous ne lui donnâmes plus le temps de disparaître impunément, ou du moins sans courir de danger, car cinq ou six coups de fusil tirés à la hâte contre lui retentirent à la fois.

« Il est touché, bravo! s'écria l'Espagnol Diaz. Attention! »

En effet, des craquements affreux produits par les arbustes qu'il broyait sous le poids de son corps en se débattant, et une pluie de feuilles qu'il soulevait autour de lui, nous prouvèrent bientôt que l'Espagnol ne se trompait pas.

« Allons, mes amis, en avant! m'écriai-je.

— Au contraire, s'écria Diaz, que personne ne bouge! Je vous demande pardon, Monsieur, continua l'Espagnol, mais j'ai l'habitude de ces sortes de bêtes. Rien n'est aussi dangereux que de les approcher pendant leur furieuse agonie. Laissez-moi faire. »

Diaz, après avoir ainsi parlé, arma sa carabine, et, le corps plié en deux, s'éloigna presque en rampant dans la direction du monstre.

Vingt secondes plus tard un coup de feu retentit.

« Vous pouvez venir à présent, nous cria l'Espagnol. La besogne est faite. »

Nous rejoignîmes aussitôt en courant l'intrépide chasseur : le serpent boa, la tête percée d'une balle, gisait à ses pieds.

Ma foi! à quoi bon dissimuler la vérité, et pourquoi n'avouerais-je pas que la vue du monstrueux reptile me causa, sinon un vif effroi, du moins une émotion profonde.

Son corps, d'un jaune sale et terreux, bariolé de lignes noires, pouvait bien avoir de vingt-cinq à vingt-sept pieds et était d'une grosseur proportionnée à sa longueur. Je compris alors la résistance insurmontable qu'avait opposée notre guide arabe à mes prières et à mes menaces, et je reconnus en moi-même qu'il n'avait pas tout à fait eu tort en refusant de nous accompagner dans la forêt.

Notre chasse, pour ne pas dire notre combat, terminée, nous nous remîmes en route.

Seulement, quels que fussent les obstacles que nous rencontrions, nous avions soin de nous tenir serrés les uns contre les autres, et nous n'avancions qu'avec une extrême circonspection.

Tous les arbres inclinés ou tordus que nous apercevions devant nous nous semblaient autant de serpents boas; la forêt reprenait à nos yeux son premier aspect fantastique.

Quant au malheureux Ducasse, nous n'avions encore trouvé aucun indice qui pût nous mettre sur sa piste.

Harassés de fatigue, nous nous déterminâmes, vers la fin de la journée, à faire une halte dans une espèce de clairière que nous trouvâmes.

Cette clairière, produite par quelque trombe qui s'était abattue dans cet endroit de la forêt, pouvait avoir environ cinq cents pas de circonférence.

Nous réunîmes en un tas toutes les branches mortes qui jonchaient le sol; puis, après avoir mis le feu à ce bûcher improvisé, nous nous occupâmes de notre souper, qui, grâce aux provisions dont nous étions munis, fut excellent et nous dédommagea des fatigues de la journée.

Enfin, notre repas terminé, nous abattîmes à coups de hache quelques jeunes arbres que nous jetâmes sur notre bûcher afin de ne pas manquer de feu pendant la nuit; puis, étant convenus que cinq d'entre nous veilleraient à tour de rôle, nous nous arrangeâmes du mieux que nous pûmes pour nous reposer jusqu'au lendemain matin.

Je dormais depuis longtemps, lorsqu'une pression assez forte opérée sur mon bras me réveilla en sursaut ; il faisait une nuit profonde.

« Lieutenant, me dit une voix que je reconnus pour être celle de l'Espagnol Diaz.

— Qu'y a-t-il ? m'écriai-je en me mettant d'un bond sur mes pieds. Un nouveau serpent boa ?

— Non, lieutenant ; mais regardez là, devant vous ; c'est cela : n'apercevez-vous rien ?

— Non, rien... Attendez donc, on dirait comme deux lumières qui changent de place.

— Ce que vous prenez pour des lumières, lieutenant, ce sont deux yeux de tigre qui reluisent dans l'obscurité.

— Ah ! diable ! le jour, des serpents ; la nuit, des tigres ! Le séjour de cette forêt manque définitivement de gaieté. Eh bien ! qu'est-ce qu'il nous veut, ce tigre ?

— Je ne le lui ai pas demandé, répondit l'Espagnol en souriant. Tout ce que je puis vous dire, c'est que les camarades n'attendent plus qu'un signal de ma part pour faire feu dessus. Si vous voulez joindre la balle de votre carabine à cette décharge, lieutenant, dépêchez-vous. C'est pour vous procurer ce plaisir que je me suis permis de vous réveiller.

— Je vous remercie, Diaz, fort volontiers. »

Je saisis aussitôt avec empressement mon arme, et je visai le monstre au juger.

« Attention ! y êtes-vous ? nous demanda presque aussitôt Diaz à voix basse.

— Oui, répondîmes-nous sur le même ton.

— Une, deux, trois, feu ! » reprit l'Espagnol.

Nos dix coups partirent avec une telle spontanéité, qu'une seule détonation retentit.

« Victoire ! m'écriai-je peu après en entendant le tigre pousser des rugissements de douleur. Rechargeons nos armes, mes amis, et achevons ce rôdeur importun. »

Je fus obéi avec un empressement que le lecteur concevra sans peine ; pendant dix minutes, ce fut un feu roulant de peloton.

« Parbleu ! s'il n'est pas mort, je consens à me colleter avec le plus gros boa de cette charmante forêt, qui nous vaut de si agréables surprises ! m'écriai-je ce laps de temps écoulé. Inutile, mes amis, d'user vos cartouches. Le tigre doit être réduit à l'état de tamis. »

Je retirai alors un tison enflammé de notre foyer, et je le lançai de toutes mes forces dans la direction où la terrible bête nous était apparue ; les étincelles qui rejaillirent du tison lorsqu'il rebondit par terre nous permirent, en effet, d'entrevoir le tigre étendu au milieu d'une mare de sang et ne donnant plus signe de vie.

Cette nouvelle réussite si complète et ce second triomphe si facile produisirent le meilleur effet sur les hommes de notre expédition.

Non seulement ils oublièrent leur première panique, mais ils commencèrent même à prendre goût à la chose ; je suis persuadé que si je leur eusse proposé en ce moment de nous établir boucaniers, ma motion eût été acceptée avec enthousiasme, et qu'ils eussent volontiers déserté leur joli corsaire pour s'adonner à la vie des bois.

« Si nous allions ramasser le gibier! s'écria un Havrais nommé Petit-Jean, qui, joignant aussitôt l'action à la parole, se mit à courir vers le tigre tué.

— Petit-Jean! Petit-Jean! reviens tout de suite, » dit vivement Diaz.

Hélas! l'Espagnol n'avait pas achevé de prononcer ces paroles, qu'un cri plein d'angoisse, de douleur et d'effroi, un cri que je n'oublierai jamais et que j'entends encore en écrivant ces lignes, un cri qui n'avait rien d'humain, retentit lamentable au milieu du silence de la nuit.

« A moi!... un tigre!...

— Petit-Jean n'est plus! me dit tristement Diaz en nous voyant nous disposer à courir au secours du malheureux matelot. N'importe, faisons notre devoir. »

L'Espagnol, après avoir ainsi parlé, d'une main saisit un tison enflammé, de l'autre un pistolet armé; nous l'imitâmes.

Quel triste spectacle s'offrit bientôt à notre vue!

L'infortuné Petit-Jean, étendu de tout son long sur le sol, avait, lorsque nous le rejoignîmes, le cou en sang et le crâne brisé.

Diaz se pencha vers lui.

« Le tigre, d'un coup de patte, lui a défoncé le crâne, et d'un coup de dent lui a traversé le cou. Pauvre Petit-Jean, il est bien abîmé! Heureusement qu'il n'a pas eu longtemps à souffrir, sa mort a dû être instantanée. Qu'il repose en paix et que Dieu lui fasse grâce et miséricorde!

— Mais je ne conçois rien à cela, Diaz! m'écriai-je.

— Qu'y a-t-il donc d'étonnant à ce que le mâle

de la femelle ou la femelle du mâle que nous avons abattu, car les tigres vont ordinairement par couple, ait vengé la mort de sa compagne ou de son compagnon? me répondit l'Espagnol. N'entendez-vous pas ces bruissements de feuilles et de branches, là, dans ce fourré qui se trouve devant nous? C'est le tigre vainqueur! »

L'idée que le terrible ennemi qui venait de nous donner une si sanglante preuve de sa force et de sa puissance pouvait d'un moment à l'autre se jeter sur nous, nous fit regagner précipitamment l'endroit éclairé par notre bûcher.

Une fois en sûreté, nous dirigeâmes à tout hasard une vingtaine de coups de fusil vers le lieu où nous supposions que la bête fauve devait se tenir à l'affût.

J'ignore encore si nous fûmes assez heureux pour l'atteindre.

La vue du cadavre défiguré du malheureux Petit-Jean, unie à l'appréhension que nous causait la proximité du tigre qui avait tué notre pauvre camarade, nous empêcha de fermer les yeux jusqu'au lendemain matin.

Les deux heures qui suivirent cette affreuse catastrophe, ou, pour être plus exact, le reste de la nuit, car les premiers rayons du jour ne tardèrent pas à dorer la cime des arbres de la forêt, nous restâmes sur le qui-vive, attentifs au moindre bruit, prêts à tout événement.

Ce fut, quant à moi, avec un vif sentiment de reconnaissance envers Dieu que je saluai l'apparition du jour; car il est difficile de se faire une idée de l'influence qu'exerce la vue du soleil sur le courage, le moral et l'imagination de gens qui, pendant toute une nuit, ont été exposés aux angoisses produites par l'attente d'une surprise et d'un danger imminent.

Après avoir creusé une fosse assez profonde, nous y déposâmes le cadavre de Petit-Jean ; puis nous nous remîmes en route.

Le plus grand silence régnait dans notre petite troupe.

Après une marche de plusieurs heures, je songeais enfin, voyant qu'aucun espoir ne nous restait de retrouver Ducasse, à faire rebrousser chemin à l'expédition et à retourner à bord, quand Diaz vint m'avertir qu'il venait de découvrir un sentier abandonné depuis longtemps, il est vrai, et presque effacé, mais qui prouvait que la partie de la forêt où nous nous trouvions avait déjà été explorée.

Cette nouvelle me rendit un peu de courage, et j'ordonnai à l'Espagnol de suivre ce sentier.

Après une nouvelle marche d'une heure, nous pûmes tous remarquer, tant le fait était visible, que la forêt s'éclaircissait de plus en plus ; nous avancions alors de front, sans avoir à combattre aucun de ces mille obstacles que la végétation nous avait présentés jusqu'alors avec tant de profusion : évidemment nous touchions à la plaine.

En effet, nous ne tardâmes pas à apercevoir à cent pas devant nous une vaste et fraîche prairie tout émaillée de fleurs.

Nous nous y dirigeâmes avec empressement, car nous avions hâte de quitter la forêt.

« Regardez donc, Diaz, criai-je à l'Espagnol, qui marchait en avant de moi, ne dirait-on pas que derrière ce bouquet de cocotiers s'élève un filet de fumée ?

— Vous ne vous trompez pas, Monsieur, c'est bien de la fumée que vous voyez.

— Alors dirigeons-nous de ce côté. »

Après avoir suivi pendant encore à peu près vingt

« Que me voulez-vous ? » me demanda celui-ci en me regardant d'un œil fixe et un peu hagard.

minutes le cours d'un limpide ruisseau qui serpentait le long de la prairie, nous atteignîmes enfin le bouquet de cocotiers.

« Une habitation ! » m'écriai-je.

Je hâtai le pas, et je ne tardai pas à arriver, suivi de tout mon monde, devant une misérable hutte onfoncée sous le feuillage. Un Arabe fort âgé et tout déguenillé fumait sa pipe devant sa porte. Notre vue ne sembla ni le distraire de ses pensées ni l'étonner, et il continua d'aspirer l'odorant arome de son tabac avec la même gravité impassible.

« As-tu entendu parler d'un malheureux chrétien perdu dans la forêt voisine? » lui demandai-je.

L'Arabe, pour toute réponse, étendit lentement sa main gauche vers un petit enclos contigu à sa cabane et se remit à fumer sans prononcer une parole.

« Que veut-il dire avec ce geste? demandai-je à Diaz. Il doit signifier quelque chose. Je ne sais, mais un pressentiment me dit que nous touchons au dénouement de notre expédition.

— Allons visiter, Monsieur, l'endroit que vient de nous désigner cet Arabe; peut-être y trouverons-nous le mot de l'énigme que nous cherchons. »

Nous ne trouvâmes d'abord, en pénétrant dans l'enclos, aucun objet qui se rapportât à Ducasse et fût digne d'éveiller notre attention.

Nous allions donc nous éloigner, lorsqu'il me sembla entendre comme une voix d'homme assez rapprochée.

Je retournai vivement sur mes pas, et que l'on juge de la joie et de l'étonnement que j'éprouvai lorsque j'aperçus, couché au pied d'un cocotier et au bord d'une petite mare d'eau produite par les infiltrations de la rivière, le pauvre compagnon que nous avions si vainement cherché jusqu'alors.

« Ducasse! m'écriai-je en me précipitant, les bras ouverts, à sa rencontre.

— Que me voulez-vous? me demanda celui-ci en me regardant d'un œil fixe et un peu hagard.

— Ce que je veux ! répétai-je, stupéfait de l'insensibilité et de l'indifférence de cette réception à laquelle j'étais si loin de m'attendre, mais te sauver, mon cher Ducasse, t'emmener tout de suite avec moi !

— M'emmener ? s'écria le matelot avec tous les signes du plus violent effroi ! Oh ! je vous en conjure, laissez-moi ici !

— Es-tu donc fou, Ducasse ! Quoi ? on dirait que tu ne me reconnais pas. »

Hélas ! cette locution familière de « Es-tu donc fou ? » dont je venais de me servir sans y attacher d'importance, était cependant une triste vérité. Ducasse, ainsi que ses sanglots, ses paroles incohérentes et ses gestes bizarres ne me le prouvèrent bientôt que trop clairement, avait perdu la raison.

Je ne puis rendre l'état affreux dans lequel se trouvait ce malheureux.

Son corps, tamisé par les insectes et déchiré par les épines, ne présentait qu'une plaie. Sa maigreur était affreuse et faisait mal à voir ; quant à ses vêtements, il n'en restait que quelques lambeaux qui pendaient, semblables à des bouts de ficelle effrangés, le long de ses jambes et de ses bras.

J'espérais que, le premier moment de surprise passé, l'infortuné reviendrait à lui ; il n'en fut rien ; nous dûmes employer la force pour l'arracher du gazon où il se cramponnait avec ses ongles en ne cessant de crier :

« Laissez-moi. Si je m'en vais d'ici, je ne retrouverai plus ailleurs des noix de coco à manger et de l'eau à boire... Laissez-moi ; d'ailleurs je suis dans le paradis. Je veux rester ici jusqu'au jour du jugement dernier. »

A la suite d'une crise produite par les efforts violents qu'il fit pour nous résister, Ducasse tomba dans un profond sommeil que nous respectâmes religieusement.

A son réveil, qui n'eut lieu que vers la fin du jour, le pauvre garçon recouvra quelques lueurs fugitives de raison qui nous donnèrent un peu d'espoir; il parut même à plusieurs reprises nous reconnaître.

Nous nous empressâmes de lui administrer un cordial que nous avions emporté avec nous, et nous eûmes le bonheur de le voir se rendormir de nouveau. La nuit, — car nous le veillâmes jusqu'au lendemain matin, — se passa d'une façon assez calme; quand il se réveilla, un peu après le lever du soleil, il était assez bien remis.

Jamais je n'oublierai la scène attendrissante qui suivit son retour à la raison; ce fut avec de douces larmes de bonheur qu'il nous embrassa tous les uns après les autres.

« Ah! mes bons amis, nous dit-il, la première effusion de joie passée, que j'ai souffert! que j'ai souffert! Pas un mot, je vous en conjure, sur le passé. Ne m'interrogez pas! Plus tard, si vous l'exigez, je vous ferai le récit de mes aventures. Mais je sens qu'en ce moment cette tâche serait au-dessus de mes forces. Rien qu'à la pensée des maux que j'ai endurés, je sens comme un voile qui s'étend sur mon intelligence. »

Vers le milieu de la journée, Ducasse nous ayant déclaré à plusieurs reprises qu'il se sentait assez de force pour nous suivre, — car il lui tardait de s'éloigner des lieux où il avait passé de si terribles moments, — nous nous remîmes en route pour retourner à bord.

Je passerai sous silence les incidents de peu d'importance et les fatigues fort supportables qui remplirent notre voyage. Nous arrivâmes, après trois jours de marche, à une lieue de la ville de Zanzibar, au point même d'où nous étions partis pour notre expédition.

Nous y trouvâmes une embarcation du *Tigre du Bengale* qui nous attendait par ordre de Cousinerie, et l'on nous apprit que la paix était faite entre le capitaine et le gouverneur.

Ce dernier même, afin de ne pas laisser de trace du passé, avait invité son ex-ennemi à une pêche au souffleur qui devait avoir lieu dans le canal de Zanzibar.

Cousinerie avait été assez bon, dans cette circonstance, pour songer à son ancien lieutenant; il avait donné l'ordre que l'on mît, si tel était son désir, une embarcation à mes ordres, afin que je pusse le rejoindre.

Comme d'assister aux réparations des avaries reçues par le *Tigre du Bengale* dans son dernier combat n'était pas une chose bien récréative et intéressante pour moi, je m'empressai de mettre à profit la complaisance du capitaine, en usant de l'embarcation dont je pouvais disposer.

X

Départ. — Un combat meurtrier. — Ruse d'un corsaire. — Retour à Saint-Denis.

La pêche au souffleur a lieu à Zanzibar ordinairement deux fois par an.

Tous les six mois, des bancs innombrables de ces cétacés longent, au changement de la mousson, le canal de cette île, tantôt se dirigeant du nord au sud et tantôt du sud au nord.

Lorsque je rejoignis le capitaine Cousinerie, je le trouvai en conversation amicale avec le terrible Yaçout, qui, couché dans une litière et entouré de son grotesque état-major et de ses chiens favoris, assistait à cette fête.

Je serrai cordialement la main que me présenta Cousinerie; puis, après l'avoir mis au courant en peu de mots de nos aventures, c'est-à-dire de la mort tragique de Petit-Jean et du retour de Ducasse, je reportai toute mon attention sur le spectacle pittoresque et animé de la pêche, qui était alors dans toute sa splendeur.

Une semaine plus tard, les avaries du *Tigre du Bengale* étant complètement réparées, nous appareillâmes et reprîmes la mer.

« J'espère que tu dois être content, mon cher ami? me dit le capitaine Cousinerie lorsque l'île de Zanzibar n'apparut plus dans le lointain à nos regards que comme un nuage flottant. Te voilà enfin sorti sain et sauf, avec ta tête sur les épaules, et des épreuves du naufrage et des griffes de Yacout, et toujours lieutenant, par parenthèse, car il paraît que tu es destiné à l'être toute la vie; mais qu'un riche trois-mâts anglais se trouve par bonheur à la portée de nos caronades, et tu rattraperas en quelques heures tout le temps que tu as perdu. Je te fais le capitaine de la prise.

— Ma foi, capitaine, lui répondis-je, je ne crois pas m'être, depuis que je navigue, plus mal comporté qu'un autre en face du danger; eh bien! aujourd'hui, je ne sais comment cela se fait, mais je n'aspire plus qu'après le repos, et je n'éprouve nulle envie de me retrouver en présence de l'Anglais.

— Oui, je conçois, tu es fatigué. Bah! ne fais pas attention à cela, l'appétit vient en mangeant. Je te réponds que si nous en venons aux mains, à la première bordée tu retrouveras toute ta première ardeur.

— Je ferai, certes, mon devoir, capitaine! Mais, voyez-vous, j'ai besoin d'aller me reposer en France, auprès de ma famille. Il est un temps pour tout, et les meilleures choses, quand on en abuse, finissent par n'avoir plus pour nous d'attrait. L'odeur de la poudre a perdu pour moi le parfum enivrant que je lui trouvais jadis.

— Veux-tu te taire, blanc-bec! s'écria Cousinerie

en riant. Tu parles de te reposer, et c'est à peine si tu es sorti de tes langes. Quand tu auras fait cinq ou six fois le tour du monde et bivouaqué pendant quelques années dans les mers glaciales, alors, oui, il te sera permis de songer...

— Une voile! » cria en ce moment la vigie.

Cette annonce, comme on le conçoit, mit fin à ma conversation avec le capitaine.

« Comment court-il? demanda vivement Cousinerie.

— Il gouverne bâbord-amure pour nous accoster au vent, répondit un officier du corsaire, qui s'était empressé, à la nouvelle de l'approche d'un navire, de monter sur les barres du petit perroquet.

— Quelle est sa voilure? Paraît-il gros?

— Il est sous ses huniers et ses basses voiles et largue ses perroquets. Ce doit être une forte corvette.

— Parbleu! me dit en riant Cousinerie, voilà qui arrive fort mal à propos pour toi, Garneray. Ça sent plus la poudre que ça ne promet de repos. »

Je ne rapporterai pas ici les manœuvres que fit exécuter Cousinerie; je me contenterai seulement de mentionner qu'une heure plus tard il était de toute évidence pour nous que le navire qui nous poursuivait non seulement nous était de beaucoup supérieur sous le rapport de la force, mais encore sous celui de la marche.

Vers la fin de la journée, l'avance qu'il avait gagnée était considérable; le lendemain matin il n'était guère plus qu'à deux portées de canon de nous.

Notre branle-bas de combat terminé et prêts à tout événement, nous étions à déjeuner lorsque la brise tomba tout à fait.

En vingt minutes de temps la mer présenta une

de ces apparences lourdes et huileuses qui annoncent ordinairement les grands calmes plats.

« Voilà, nous dit Cousinerie, un contretemps pour l'Anglais. Se savoir plus fort que nous, nous tenir presque à sa portée et ne pouvoir commencer le combat! Il doit être furieux. »

Le capitaine, à cette idée, frottait joyeusement ses mains l'une contre l'autre, lorsque l'officier de quart l'envoya avertir que trois embarcations se détachaient de la corvette et se dirigeaient vers nous.

« Ah! parbleu! s'écria Cousinerie en s'élançant sur le pont, voilà un rapport auquel je ne pouvais croire, et qui cependant est vrai. Quoi! ces Anglais sont assez fous, assez..., ma foi, je ne trouve pas de mot convenable pour caractériser cette absurdité; ces Anglais, dis-je, sont assez insensés pour oser nous envoyer leurs embarcations!

« Oh! là! prennent-ils donc notre corsaire pour un navire marchand parce que nous l'avons un peu déguisé? ou bien s'imaginent-ils que, parce qu'aux premiers souffles de la brise ils sont sûrs de nous atteindre, nous sommes tellement effrayés d'avance de la perspective d'un combat avec eux, que nous nous laisserons tranquillement prendre pour l'éviter? Je veux leur donner une leçon, et la plus complète possible, afin qu'ils ne l'oublient pas de sitôt. »

Le capitaine s'empressa alors de faire cacher nos hommes, de donner les ordres nécessaires pour faire, ce fut l'expression dont il se servit, une brillante réception aux Anglais.

En effet, lorsque, dix minutes plus tard, les trois embarcations ennemies ne furent plus qu'à une demi-portée de fusil de nous, — car elles s'avançaient avec une confiance pleine d'arrogance et qui prouvait combien elles s'attendaient peu à éprouver la moindre résistance de notre part, — une véritable trombe de flamme et de fer partie de notre batterie les fit disparaître un moment à nos yeux.

Lorsque, quelques secondes après, la fumée se fut dissipée, un spectacle triste et affreux se présenta à nos regards.

Sur les trois embarcations, deux avaient été coulées ; sur la mer, jonchée de débris humains, on ne devinait plus la place qu'elles occupaient naguère que par la vue de leur carcasse, par le sang qui la teignait.

Quant au troisième canot, fortement avarié et menaçant à chaque instant de sombrer, il s'éloignait en toute hâte en se dirigeant vers la corvette anglaise.

« Ne faudrait-il pas, capitaine, sauver tous ces pauvres diables, qui crient comme s'ils n'avaient pas assez de patriotisme pour boire un coup plutôt que de devoir la vie à la magnanimité des Français? demanda à Cousinerie le second du *Tigre du Bengale*.

— Ah! mon Dieu, faites comme bon vous semblera, Bernard, lui répondit Cousinerie; à vrai dire, pourtant, je crois que ce serait plus honnête de venir en aide à ces malheureux. »

Notre embarcation, aussitôt mise à la mer, ne tarda pas à se remplir de naufragés anglais ; plusieurs parmi eux étaient grièvement blessés.

« Tiens, parbleu! s'écria le capitaine en les voyant mettre le pied sur le pont, une bonne action porte toujours en elle sa récompense. Voici que, grâce à cette provision d'ennemis, je viens de trouver le moyen d'échapper à la corvette.

— Comment cela, capitaine? demanda le second.

— Vous verrez, Bernard ; c'est simple comme bonjour. Qu'est-ce que tu veux, toi? ajouta Cousinerie en se retournant vers un matelot anglais qui lui adressait la parole, du linge pour te changer ? Eh bien ! tu ne manques pas de toupet, l'ami ! On te sauve, tu n'es pas content ! Il faut encore que l'on t'habille par-dessus le marché ! Allons, tais-toi ! »

Cousinerie était d'un caractère un peu brusque, mais nullement méchant ; aussi la façon dont il répondit aux malheureux prisonniers anglais me surprit-elle.

« Mais, capitaine, lui dis-je, ce ne sont certes pas ces pauvres diables qui ont demandé que vous couliez leurs embarcations ; ils sont donc fort excusables de désirer changer de vêtements, car il y a vraiment danger pour leur santé à rester trempés ainsi.

— Oh ! ne crains rien, Louis, je ne leur donnerai pas le temps de se sécher.

— Quoi ! capitaine, vous songeriez...

— Tu m'ennuies, à la fin, avec toutes tes questions, s'écria Cousinerie en m'interrompant ; je ne passe pas pour être ni un tigre ni un imbécile ; laisse-moi donc faire à ma guise.

— Vous êtes le maître, capitaine ; permettez-moi seulement une dernière observation : c'est qu'il est incontestable, d'après l'état de l'atmosphère, que le calme qui règne en ce moment cessera bientôt. Ne le croyez-vous pas ?

— Oui, je le crois ; mais où veux-tu en venir ?

— A cette conclusion fort simple, capitaine, qu'une fois que la brise se lèvera, la corvette anglaise nous rejoindra sans peine et nous forcera au combat.

— Ceci n'est pas bien sûr ; mais en supposant toutefois que cette prévision doive se réaliser, quelle conclusion en tires-tu ?

— Cette conclusion assez logique que, si nous sommes vaincus, comme la disproportion de force qui existe entre l'ennemi et nous permet, hélas ! de le supposer, les Anglais nous feront chèrement payer alors, je ne veux pas dire la cruauté, mais au moins le peu de complaisance que nous aurons montré envers nos prisonniers.

— Mon pauvre ami, tu n'y es pas du tout. La brise va s'élever, j'en conviens ; mais ce que je puis t'assurer, c'est que la corvette ne nous rejoindra pas, qu'il n'y aura pas par conséquent de combat, et que nous brûlerons la politesse à l'Anglais. Tu as beau ouvrir de grands yeux étonnés, tout se passera comme je te le prédis. »

Ne pouvant pousser plus loin la conversation sans manquer au respect que je devais à l'autorité de Cousinerie, je m'éloignai sans lui répondre, mais fort inquiet.

L'équipage n'était pas non plus, au reste, dans une parfaite sécurité, loin de là ; les yeux des matelots tournés vers la corvette et le silence qui régnait sur le pont du *Tigre du Bengale* étaient les symptômes évidents de la préoccupation générale qui régnait à notre bord.

Cette préoccupation, lorsque, peu après ma conversation avec Cousinerie, la brise, comme nous nous y attendions, se leva, cette préoccupation, dis-je, se manifesta de plus en plus ; nous nous sentions perdus.

« Ah ! ah ! s'écria le capitaine en voyant la corvette se couvrir de toile, voilà les *Goddem* bien contents. Rira bien qui rira le dernier. »

Cousinerie ordonna aussitôt de prendre chasse ; puis, la manœuvre exécutée, il fit apporter sur le pont une douzaine de grandes barriques vides.

« Défoncez-moi ces barriques par un bout, faites deux trous dans le fond à l'autre bout, dit-il au charpentier, de manière que l'on puisse y passer une corde de moyenne grosseur. Bien, c'est cela. A présent amarrez-moi au bout de cette corde, à la distance à peu près d'une demi-brasse, trois boulets de douze, de façon que cette barrique mise à la mer conserve son équilibre et se tienne debout sans chavirer. »

Pendant que Cousinerie donnait ces ordres, auxquels nous ne comprenions rien et dont nous ne pouvions concevoir l'utilité, la corvette, nous gagnant main sur main, s'était rapprochée de nous jusqu'à portée et demie de canon.

Bientôt un éclair brilla le long de ses sabords, et un boulet vint mourir, en ricochant sur la surface de la mer, à deux encablures au plus de notre arrière.

« Allons, voici le moment, dit Cousinerie en riant, embarquez les Anglais. Quoi ! reprit-il en voyant mon étonnement, vous ne comprenez pas cette manœuvre ? Elle est cependant bien simple. Fourrez-moi deux prisonniers dans une barrique, puis affalez la barrique à l'eau ; c'est simple comme bonjour. »

Un éclat de rire homérique, qui s'éleva de l'avant à l'arrière du *Tigre du Bengale,* prouva que nous devinions enfin l'intention du capitaine et que nous ne craignions plus la poursuite de la corvette.

En moins d'une minute les Anglais furent enfoncés dans une barrique, et quelques secondes plus tard cette embarcation d'une nouvelle espèce flottait immobile le long de notre bord et s'éloignait derrière nous.

Cousinerie, mû par un sentiment de générosité extrême, avait fait remettre aux Anglais ainsi embarqués une bouteille de vin et un jeu de cartes.

« Buvez, jouez, chantez, amusez-vous, mes amis, leur dit-il ; si cela peut même vous être agréable de m'accabler d'imprécations et de sottises, ne vous gênez pas. Vous me rendez un trop grand service pour que je ne me montre pas plein de soins, de tendresse pour vous. »

A mesure que le sillage rapide du *Tigre du Bengale* nous éloignait de la barrique, nous voyions et entendions les deux Anglais, effrayés de leur position, que rendait plus critique encore la présence de deux gros requins qui flânaient à quelques brasses d'eux en quête d'un repas, faire des signaux à la corvette et pousser des cris perçants qui arrivaient jusqu'à nous.

Déjà on n'apercevait presque plus les deux infortunés, lorsque nous vîmes la corvette mettre en panne et envoyer un canot à leur secours.

« C'est cela, dit Cousinerie en se frottant joyeusement les mains, voilà un quart d'heure de perdu. Avant que ces *Goddem* aient de nouveau orienté leurs voiles et se soient remis à notre poursuite, nous aurons pris de l'avance. »

Je ne mentionnerai pas les embarquements successifs que nous fîmes de tous les prisonniers anglais pour faire perdre du temps à la corvette, je constaterai seulement que vers la tombée de la nuit le navire ennemi ne nous apparaissait plus à l'horizon que comme un petit nuage de forme indécise ; il restait encore quatre prisonniers.

Pendant la nuit, qui, par surcroît de bonheur, fut

fort obscure, nous fîmes fausse route afin d'échapper complètement au croiseur, et cette manœuvre nous réussit à merveille. Le lendemain, au lever du soleil, nous n'aperçûmes plus de toutes parts jusqu'à l'horizon que l'immensité solitaire de l'Océan.

Après cinquante-cinq jours de mer, laps de temps pendant lequel nous eûmes le plaisir de capturer un autre navire anglais richement chargé, ce qui nous promettait d'assez belles parts de prises, nous mouillâmes enfin malgré la surveillance des Anglais devant Saint-Denis, île Bourbon.

Que l'on juge de ma joie !

Fignolet, quinze jours après son débarquement, entra en qualité d'aide-cuisinier en second dans le meilleur restaurant de la ville de Saint-Denis.

M. Liard, l'auteur de la catastrophe de la *Doris*, s'embarqua je ne sais sur quel navire. Vingt ans plus tard je l'ai revu à Honfleur; il était alors dans une triste position de santé et de fortune ; on m'a appris sa mort quelques années après.

Quant à moi, je fus requis pour le service et embarqué en qualité de second sur un cotre caboteur nommé *le Pinson*, qui venait d'être acheté par l'État et faisait le service de la côte. Dans un voyage du *Pinson* à l'île de France, son capitaine tomba à la mer et se noya, malgré tous les efforts que je tentai pour le sauver. A mon retour à Saint-Denis on me donna le commandement de ce navire, et l'on me nomma aide-timonier à trente-six francs par mois. Il y avait loin, certes, de ces faibles appointements aux parts de prises que j'avais touchées lorsque je naviguais sous les ordres de Surcouf; mais enfin j'étais capitaine.

Hélas ! ce semblant de dignité me fut bientôt enlevé

par un triste événement. Une nuit, la *Terpsichore*, frégate anglaise, se détachant de la croisière qui bloquait l'île de France, vint surprendre sournoisement la rade de Saint-Denis, et fit enlever par ses embarcations tous les navires qui y étaient mouillés, y compris mon pauvre *Pinson*.

Comme mon cotre n'était nullement armé, je ne fis aucune difficulté pour l'abandonner; je me trouvai même trop heureux encore de pouvoir emmener avec moi mon équipage de neuf hommes sain et sauf à Saint-Denis.

A partir de ce moment, me trouvant sans emploi, sans argent, découragé d'esprit et fatigué de corps, je ne rêvais plus que retour en France; aussi profitai-je avec empressement de la relâche que fit à Saint-Denis la frégate *l'Atalante*, qui revenait en France, pour solliciter mon embarquement sur ce navire. Ma demande fut prise en considération, et j'accrochai mon hamac à bord de *l'Atalante* le 30 août 1805.

Je rêvais, dis-je, avec bonheur à mon arrivée en France, à la joie de ma famille, au repos que j'allais enfin goûter; mais je comptais sans ma mauvaise étoile : l'événement me prouva encore cette fois combien l'homme a tort quand, fermant les yeux pour ne point apercevoir les obstacles qui lui barrent le chemin, il se croit d'avance arrivé au but auquel il aspire.

Une épouvantable tempête, un ras-de marée, qui nous assaillit au cap de Bonne-Espérance, brisa notre frégate sur la côte, et je ne dus mon salut qu'au plus grand des hasards.

Quelques-uns des hommes de *l'Atalante* furent alors

répartis à bord des autres navires qui composaient l'escadre de l'amiral Linois; j'échus, pour ma part, à la *Belle-Poule*. Et voilà comment, au moment où je me croyais sur le chemin de la France, je me trouvai tout à coup lancé dans une nouvelle croisière malgré moi.

La traite étant alors dans toute sa vigueur, nous mîmes à la mer avec l'espoir que les négriers anglais nous fourniraient de belles captures.

Nous parcourûmes toute la côte ouest de l'Afrique.

Les équipages, accablés de fatigue et mal récompensés par les prises insignifiantes et assez rares que nous opérions, se plaignaient amèrement, d'autant plus qu'ils savaient que les corsaires de l'Inde avaient recommencé leurs courses avec de nouveaux et éclatants succès. Leur mécontentement s'accrut encore lorsqu'ils virent la division se diriger vers la France.

Une grande catastrophe allait bientôt changer ces plaintes en désespoir.

Dans la nuit du 13 au 14 mars, nuit qui fut très obscure, nous aperçûmes trois voiles naviguant sous le vent à nous et à contre-bord de notre bord. Le plus gros de ces bâtiments fit alors des signaux que les autres répétèrent, et deux d'entre eux disparurent bientôt, à la faveur des ténèbres, à nos regards.

Notre capitaine, M. Bruillac, avertit l'amiral Linois que le gros vaisseau que nous venions d'apercevoir et qui nous chassait appartenait probablement à une division anglaise, et qu'il serait peut-être prudent de s'écarter de cette division et de nous faire chasser par lui jusqu'au jour : qu'une fois ce gros navire isolé, nous pourrions agir selon que l'exigeraient les circonstances.

L'amiral Linois reçut fort mal cet avis, et prétendit que ce navire de haut bord n'était, au contraire, que le protecteur d'un convoi marchand.

La division française poursuivit alors sa route, la *Belle-Poule* en tête, le *Marengo* en serre-file.

Le gros bâtiment en question ne tarde pas à nous rallier, vire vent arrière, prend notre allure, serre le vent le plus près possible, et se rapproche du *Marengo*, qui lui est inférieur en marche.

Bientôt il est dans sa hanche de tribord, à portée de pistolet; le hélant alors, il lui adresse les questions d'usage. Le *Marengo* a reconnu l'ennemi, il lui lâche sa bordée de tribord, à laquelle l'Anglais répond immédiatement par celle de bâbord.

En moins d'une minute le feu est engagé entre ces deux vaisseaux. Le *Marengo* porte soixante-quatorze canons; l'anglais, qui n'est autre que le trois-ponts le *London*, en possède cent quatre; mais le *London* maintient l'avantageuse position qu'il a prise par la hanche du tribord du *Marengo*.

Le capitaine de la *Belle-Poule*, jugeant avec raison qu'il causera plus de mal à l'ennemi en le prenant en poupe qu'en lui prêtant le travers, manœuvre pour se mettre dans cette position; mais l'amiral lui ordonne aussitôt de se replacer sur l'avant de son vaisseau et de combattre ainsi.

Lorsque le feu avait commencé, le *London*, en prenant le *Marengo* par la hanche, avait causé de notables avaries à son bord; sa formidable artillerie et le feu de mousqueterie balayèrent en peu de temps la plupart des combattants de la dunette du gaillard d'arrière du vaisseau français et démontèrent un certain nombre de pièces sur l'arrière de ses batteries.

Vers les sept heures du matin, le feu de la *Belle-Poule* avait dégréé le *London* sur son avant; les focs de l'anglais étaient tombés à la mer, et son petit hunier était abattu sur le pont. Ce fut à ce moment que nous vîmes, se dessinant clairement à l'horizon, le reste de la division anglaise, qui se composait de six autres vaisseaux de ligne, de deux frégates et d'un brick. Ces navires étaient restés jusqu'alors en arrière, parce qu'ils n'avaient pas compris les signaux que leur avait adressés pendant la nuit le *London;* ils nous appuyèrent en ce moment une chasse à toute outrance.

Les avaries du *London* nous donnant alors une certaine supériorité de marche sur lui, le *Marengo* nous signala de reprendre chasse. Nous nous empressâmes d'obéir; mais il devint, hélas! aussitôt évident pour nous que tous les navires de la division anglaise nous étaient de beaucoup supérieurs en vitesse.

Au commencement de l'action l'amiral Linois, ayant reçu une grave blessure à la jambe, avait été obligé de quitter son poste; son capitaine de pavillon, M. Vrignault, ayant eu aussi un bras emporté, le capitaine Chassériaux occupait par ordre hiérarchique le banc de quart.

Vers les dix heures et demie, la *Belle-Poule* était parvenue à distancer de près d'une lieue le *Marengo;* mais à ce moment l'*Amazone*, la meilleure voile de la division anglaise, se plaça tribord à elle, et un combat commença. A midi, le vaisseau de soixante-quatorze canons le *Ramillies* vint se joindre à l'*Ama-*

zone; et, se plaçant dans notre hanche de bâbord pour nous prendre entre deux feux, se disposa à nous foudroyer de toute sa batterie.

D'un autre côté la chance ne nous était pas moins fatale : le *Marengo*, entouré par plusieurs vaisseaux ennemis et se trouvant hors d'état de se défendre, amena son pavillon.

En cet état, la *Belle-Poule*, trahie par sa mauvaise marche et d'une infériorité de forces par trop disproportionnée, n'avait plus qu'à se rendre.

Ordre nous fut donné d'amener nos couleurs. Un quart d'heure après les Anglais vinrent nous amariner. Voici le nom des navires qui composaient la division ennemie : vaisseaux de ligne : le *Foudroyant*, amiral Warren ; le *Ramillies*, le *Héros*, le *Namur*, le *Repulse*, le *London*, le *Courageux*; frégates : l'*Amazone*, la *Résistance*, enfin un brick : l'*Occuste*.

Quant à moi, depuis la première fois que je naviguais, le bonheur providentiel qui jusqu'alors m'avait toujours accompagné au feu me fit faute, je fus légèrement blessé.

Un quart d'heure après que les Anglais nous eurent amarinés, j'étais conduit prisonnier à bord du *Ramillies*, puis sur les pontons.

FIN

TABLE

I

Voyage en Afrique. — Mon passage sur la *Doris*. — Superstition. — Fâcheux pronostics. — Philosophie du capitaine Hard. — Physionomie d'un négrier. — Les poissons volants. — Oîva; mœurs portugaises. — Les tigres. — Une position désagréable. — Bourrasque. — Effets de l'électricité. — Un homme à la mer. — Dévouement. — Arrivée à Zanzibar. 7

II

Le navire négrier se manifeste. — Comment s'achètent et s'embarquent les noirs. — Juges et justice. — Service du bord. — Horrible confidence. — Premier départ. — Événements fâcheux mêlés de farces. — — Départ définitif 57

III

Symptômes funestes. — Révolte. — Combat. — Meurtre. — Effets de la crainte et du désespoir. — Victoire complète. — Inhumation. . . . 85

IV

Naufrage. — Bonheur providentiel. — Catastrophe épouvantable. — Singulière détermination du capitaine. — Résignation héroïque de François Combaleau. — La *Doris* abandonnée 103

V

Détails. — Mort de M. Boudin. — Espoir trompé. — Privations. — Effets du délire. — Un miracle nous sauve. — Nous sommes à terre.. 115

VI

Réveil. — Généreuse hospitalité. — Voyage de recherches. — Notre départ.. 137

VII

Terreur. — Un homme singulier. — Effets d'un talisman. — Rencontre inopinée. — Récits de François et de Fignolet. — Espoir réalisé. 153

VIII

Violences. — Éloquence de François. — Prison. — Dures épreuves. — Remords et aveux. — Surprise agréable. — Héroïsme de Fignolet. — Évasion.. 171

IX

Yacout. — Audace des Français. — Cousinerie philanthrope. — Reconnaissance. — Tentative périlleuse. — Bêtes féroces. — Utilité de la pratique. — Mort d'homme. — Ducasse retrouvé.......... 193

X

Départ. — Un combat meurtrier. — Ruse d'un corsaire. — Retour à Saint-Denis.. 223

25890. — Tours, impr. Mame.

Original en couleur
NF Z 43-120-8

www.ingramcontent.com/pod-product-compliance
Lightning Source LLC
Chambersburg PA
CBHW060130170426
43198CB00010B/1103